高等院校民航服务专业系列教材

民用航空安全与管理
（第2版）

苗俊霞　周为民　车云月　主　编
杨桂芹　刘茗翀　孙　静　李怡伟　副主编

清华大学出版社
北京

内 容 简 介

本书以国际民航的规定和对民航乘务员的要求、客舱安全运行规定、民航乘务员的职责和机上特殊服务等为主要内容,并结合适量的案例进行介绍。

本书共十一章,以民用航空安全管理体系开篇,介绍了国际民航组织有关安全方面的法律法规,然后,分别介绍了民用航空安全、机组资源管理、航空客舱安全运输规则、客舱安全职责、安全运行规范、乘客安全管理、机上紧急情况、飞机客舱应急处置、野外生存、急救等基础知识和专业技能知识。本书有助于学生对航空安全工作的全面了解和相关技能的掌握及运用。各章节中穿插了发生在国际、国内的航空事件真实案例和图片,可以帮助学生加深对课程内容的理解。本书各章节均附有练习题,可以达到巩固掌握所学内容的目的。

本书适合学习民航乘务专业的学生使用。

本书封面贴有清华大学出版社防伪标签,无标签者不得销售。
版权所有,侵权必究。举报:010-62782989,beiqinquan@tup.tsinghua.edu.cn。

图书在版编目(CIP)数据

民用航空安全与管理/苗俊霞,周为民,车云月主编. —2版. —北京:清华大学出版社,2020.1(2024.2重印)
 高等院校民航服务专业系列教材
 ISBN 978-7-302-54252-0

Ⅰ. ①民… Ⅱ. ①苗… ②周… ③车… Ⅲ. ①民航运输—安全管理—高等学校—教材 Ⅳ. ①F560.6

中国版本图书馆CIP数据核字(2019)第258140号

责任编辑:杨作梅
封面设计:杨玉兰
责任校对:周剑云
责任印制:杨 艳

出版发行:清华大学出版社
网　　址:https://www.tup.com.cn,https://www.wqxuetang.com
地　　址:北京清华大学学研大厦A座　邮　编:100084
社 总 机:010-83470000　邮　购:010-62786544
投稿与读者服务:010-62776969,c-service@tup.tsinghua.edu.cn
质量反馈:010-62772015,zhiliang@tup.tsinghua.edu.cn
课件下载:https://www.tup.com.cn,010-62791865

印 装 者:涿州汇美亿浓印刷有限公司
经　　销:全国新华书店
开　　本:185mm×260mm　印　张:15.5　字　数:375千字
版　　次:2015年8月第1版　2020年1月第2版　印　次:2024年2月第8次印刷
定　　价:59.00元

产品编号:082699-01

高等院校民航服务专业系列教材编审委员会

主　　任：梁秀荣（中国航协飞行与乘务委员会高级顾问）

副 主 任：徐小搏（北京东方通航教育科技有限公司总经理）

主任委员：

　　　　　周为民（原中国国际航空股份有限公司培训部教员、国家乘务技术职能鉴定考评员、国家级高级乘务员）

　　　　　杨桂芹（原中国国际航空股份有限公司主任乘务长、国家级高级乘务员）

　　　　　苗俊霞（原中国国际航空股份有限公司培训部教员、国家乘务技术职能鉴定考评员、国家级乘务技师）

　　　　　刘茗翀（原中国国际航空股份有限公司乘务长、海南航空乘务训练中心教员、国家级高级乘务员）

　　　　　马　静（原中国国际航空股份有限公司主任乘务长、国家高级乘务员）

高等院校民航服务专业系列教材
编写指导委员会

总策划：车云月

主　任：王　涛

副主任：李海东　姜琳丽　霍巧红

委　员：

周　贤　郭　卫　陈倩羽　徐颖丽　王瑞亮

郭　峰　姚庆海　李　杨　杨　峰

前　言

"民用航空安全与管理"是一门航空专业理论性和实践性很强的课程，是一门书本知识与实际操作相结合的教程。

为了使航空专业的学生对民航安全的重要性有基本的了解，我们依据中国民航《FAA121部》、各航空公司《乘务员训练大纲》《客舱乘务员手册》《机上广播词》等编写了与乘务员工作有关的民用航空安全与管理专业教程，这本教程的内容实际上也是航空公司新乘务员养成培训的重要组成部分。

本教程共分十一章，以民用航空安全的管理体系开篇，介绍了国际民航组织有关安全方面的法律法规、航空乘务员安全运输的要求和规范、民用航空客舱安全职责、乘客安全运输条件、机上应急处置、急救等基础知识和专业技能知识，有助于学生对航空安全工作的全面了解和相关技能的掌握及运用。在学习中，学生不仅要知道"对与不对""允许与禁止"，而且要掌握一些正常工作的安全规范和应急情况的处置方法，培养对事物的判断力，增强分析问题与解决问题的能力，提高团队合作能力。

我们整理了部分发生在国际、国内的航空事件的真实案例和图片，穿插在各个章节之中，以帮助学生加深理解课程内容，达到巩固所学知识的教学目的。在每个章节后面设置了练习题，便于学生思考问题、抓住重点，达到模拟演练的目的。

本教程由苗俊霞、周为民、杨桂芹等具有在中国国际航空公司三十多年飞行工作经历及近十年航空教学经验的权威专家，以及具备国内外飞行经验的刘茗翀先生共同完成，得到了具有丰富的航空知识及中西医临床经验的王皓医师的帮助和支持。

本教程的编写分工为：苗俊霞主要负责本书内容框架结构的组成、编写原则的确定和第一、二、三、十章的编写；杨桂芹主要负责第四、五章的编写；周为民主要负责第七、八章的编写；刘茗翀先生主要负责第六、九章的编写；王皓主要负责第十一章的编写。

今后我们还会继续编写内容更加经典、更加专业，更加贴近实际的系列教材。

由于水平有限，书中难免存在不足之处，恳请各位专家、各专业院校教师和同学批评指教。我们将不胜感谢，并将及时修正。

编　者

目 录

第一章 民用航空安全管理体系 ... 1

第一节 中国民用航空安全管理体系 ... 2
一、中国民航推行安全管理体系的背景 ... 2
二、安全管理体系概述 ... 3
三、安全管理体系的内容 ... 5
四、中国民航安全管理体系的目标 ... 5
案例分享 ... 6
练习题 ... 7

第二节 国际民航组织 ... 7
一、国际民航组织成立的背景 ... 7
二、国际民航组织的主要活动 ... 8
三、国际民航组织的宗旨和目的 ... 11
四、中国民航组织情况 ... 11
五、国际民用航空组织大会 ... 12
练习题 ... 13

第三节 国际航空运输协会 ... 14
练习题 ... 17

第二章 民用航空安全 ... 19

第一节 飞行安全 ... 20
一、空中交通管制 ... 20
二、地面管制 ... 22
三、天气 ... 22
四、环境 ... 23
案例分享 ... 23
练习题 ... 24

第二节 空防安全 ... 25

一、空防安全的定义 25
　　二、空防任务 25
　　三、空防安全的内容和管理机构 26
　　四、空防安全面临的挑战 26
　　案例分享 27
　　练习题 29
第三节　客舱安全 29
　　一、限制使用电子类产品 30
　　二、客舱安全的重要因素——旅客和乘务员 30
　　三、安全演示和安全须知 33
　　四、关于机上安全标识 33
　　案例分享 33
　　练习题 35

第三章　民用航空机组资源管理 37

第一节　机组资源管理的演变和应用 38
　　一、机组资源管理的含义 38
　　二、机组资源管理中的资源 38
　　三、人为因素与航空安全 40
　　四、人为因素概念模型 41
　　练习题 42
第二节　机组资源管理中的沟通技巧 42
　　一、CRM的四个关键词 42
　　二、沟通的形式 42
　　三、交流方法 42
　　四、沟通中的注意事项 43
　　练习题 44
第三节　差错与管理 44
　　一、墨菲定律 44
　　二、差错管理 44
　　练习题 46
第四节　团队合作 46
　　一、有效的团队合作 46
　　二、海恩法则 47

  案例分享 48
  练习题 48

第四章 民用航空客舱安全运输规则 49

 第一节 乘客乘机安全规定 50
  一、对孕妇的规定 50
  二、对婴幼儿的规定 51
  三、对无成人陪伴儿童的规定 51
  练习题 53
 第二节 乘客携带液体、酒精类及药物运输限制 53
  案例分享 54
  练习题 55

第五章 民用航空客舱安全职责 57

 第一节 机长安全职责 58
  一、机长的安全职责的内容 58
  二、机上指挥权的接替 60
  练习题 60
 第二节 乘务长安全职责 60
  练习题 62
 第三节 客舱乘务员安全职责 62
  一、厨房乘务员的安全职责 62
  二、客舱乘务员的安全职责 63
  练习题 64
 第四节 航空安全员安全职责 64
  案例分享 66
  练习题 67

第六章 民用航空客舱乘务员安全运行规范 69

 第一节 预先准备阶段 70
  一、饮用含酒精饮料和使用药物的执勤限制 70
  二、组织航前准备会 71
  练习题 71
 第二节 直接准备阶段 72

　　　　练习题 ... 74
　第三节　飞行实施阶段 ... 75
　　　　一、旅客登机时 ... 75
　　　　二、机门关闭前 ... 78
　　　　三、机门关闭后 ... 78
　　　　案例分享 ... 79
　　　　四、禁烟规定 ... 79
　　　　五、便携式电子设备的禁用和限制 ... 80
　　　　六、旅客安全告示 ... 80
　　　　七、安全演示 ... 81
　　　　八、系安全带规定 ... 82
　　　　九、机门再次开启 ... 83
　　　　十、飞机推出至起飞前 ... 83
　　　　十一、飞行中 ... 84
　　　　十二、飞行关键阶段 ... 84
　　　　十三、颠簸 ... 84
　　　　十四、对飞行机组服务的相关规定 ... 85
　　　　十五、为旅客提供含酒精饮料的限制和规则 ... 85
　　　　十六、挥发性液体 ... 85
　　　　十七、着陆前 ... 86
　　　　十八、到达 ... 86
　　　　十九、旅客下机后 ... 87
　　　　二十、飞机应急撤离的能力 ... 87
　　　　二十一、飞机加油 ... 87
　　　　练习题 ... 87
　第四节　航后讲评阶段 ... 88
　　　　一、应急医疗事件报告 ... 88
　　　　二、机上紧急事件报告 ... 88
　　　　案例分享 ... 91
　　　　练习题 ... 91

第七章　民用航空客舱乘客安全管理 ... 93
　第一节　醉酒乘客处置程序 ... 94
　　　　练习题 ... 95

第二节　拒绝运输的旅客 ... 95
　　练习题 ... 96
第三节　无签证过境旅客 ... 96
　　一、无签证过境 ... 96
　　二、承运人交接责任 ... 96
　　三、签证分类 ... 96
　　练习题 ... 97
第四节　偷渡、遣返乘客 ... 97
　　一、偷渡乘客 ... 97
　　二、遣返乘客 ... 97
　　三、对偷渡、遣返乘客的处置 ... 98
　　案例分享 ... 98
　　练习题 ... 100
第五节　要求冷藏物品 ... 100
　　练习题 ... 100
第六节　更换座位 ... 101
　　练习题 ... 102
第七节　特殊/限制性乘客 ... 102
　　一、特殊乘客 ... 102
　　二、担架乘客 ... 103
　　三、轮椅乘客 ... 104
　　四、盲人、聋哑乘客 ... 105
　　五、孕妇乘客 ... 106
　　六、婴儿乘客 ... 106
　　七、无成人陪伴儿童 ... 107
　　八、遗失物品乘客 ... 108
　　九、机上发生失窃处置 ... 109
　　案例分享 ... 109
　　十、押送犯罪嫌疑人 ... 110
　　十一、对违反禁烟规定的处置 ... 110
　　练习题 ... 111
第八节　勤务动物运输 ... 111
　　案例分享 ... 113

练习题 113

第八章　民用航空机上紧急情况 115

第一节　机上火灾 116
　　一、火灾隐患 116
　　二、火灾种类 117
　　三、3人灭火小组 117
　　四、一般灭火程序 118
　　五、旅客的保护 118
　　六、灭火要点 118
　　七、特殊火灾的处理 119
　　案例分享 121
　　练习题 123

第二节　飞机颠簸 123
　　一、颠簸分类和危害 123
　　二、颠簸应对措施 124
　　案例分享 125
　　练习题 126

第三节　客舱释压 126
　　一、释压类型 126
　　二、客舱释压的反应 127
　　三、释压的处置 128
　　案例分享 130
　　练习题 130

第四节　航空器内非法干扰行为及处置 131
　　案例分享 134
　　练习题 135

第五节　危险物品 136
　　一、危险物品的定义 136
　　二、危险物品的分类 136
　　三、危险物品划分为三个包装等级 137
　　四、典型危险物品标签 137
　　五、危险物品标签样本 137
　　六、飞行中客舱内发现危险物品事故应急处置程序 138

七、各机型最低风险爆炸区	139
案例分享	140
练习题	140

第九章　民用航空飞机客舱应急处置 ... 141

第一节　应急处置的原则与知识 ... 142
    一、应急处置的基本原则 ... 142
    二、应急撤离的基本知识 ... 142
    案例分享 ... 154
    练习题 ... 155

第二节　有准备撤离 ... 155
    一、有准备撤离步骤 ... 155
    二、防止冲撞 ... 159
    三、准备撤离 ... 160
    四、撤离飞机后的工作 ... 161
    五、水上迫降 ... 161
    练习题 ... 162

第三节　无准备撤离 ... 162
    练习题 ... 163

第四节　应急撤离广播及指挥口令 ... 163
    一、有准备陆地迫降 ... 163
    二、乘务员指挥口令 ... 165
    练习题 ... 166

第十章　野外生存 ... 167

第一节　陆地生存 ... 168
    一、撤离后的组织 ... 168
    二、建立避难所 ... 168
    三、信号与联络 ... 169
    四、饮水 ... 170
    五、食品 ... 171
    六、取火 ... 172
    七、毒蛇咬伤后的急救 ... 173
    八、陆地生存要点 ... 174

案例分享	174
练习题	176
第二节　水上生存	176
一、海上生存的特点	176
二、水中保暖	176
三、饮水	177
四、食品	178
五、寻找陆地	178
练习题	179
第三节　极地/冬季生存	179
一、极地飞行	179
二、冬季求生	184
案例分享	185
练习题	185

第十一章　急救 ... 187

第一节　急救原则	188
一、急救的概念	188
二、急救的工作流程	188
三、机上急救	188
四、急救的一般步骤	189
五、急救的注意事项	190
练习题	190
第二节　生命体征	190
一、脉搏	190
二、血压	191
三、呼吸	191
四、体温	191
五、瞳孔	191
六、意识	191
练习题	192
第三节　机上常见病症	192
一、晕机	192
二、压耳	193

案例分享 193

　　三、高空胃肠胀气 193

　　四、高空减压病 194

　　五、冠心病 195

　　六、腹痛 196

　　七、晕厥 197

　　八、血糖异常昏迷 199

　　九、烧伤、烫伤 200

　　十、气道异物阻塞 201

　　十一、过度通气 203

　　十二、急性阑尾炎 203

　　十三、高血压急症 204

　　十四、机上死亡事件 205

　　练习题 206

第四节　机上分娩 206

　　一、正常产程 206

　　二、接产准备 206

　　三、接产 207

　　四、胎盘娩出期的处理 208

　　五、其他 209

　　案例分享 209

　　练习题 210

第五节　心肺复苏 210

　　一、定义 210

　　二、心跳骤停的识别 210

　　三、心肺复苏操作方法 210

　　四、实施心肺复苏成功有效指标 215

　　五、终止心肺复苏的条件 215

　　练习题 215

第六节　外伤急救 215

　　一、外伤的定义 216

　　二、创伤救护原则 216

　　三、外伤救护的四项基本技术 216

四、外伤处置 ... 216
　　练习题 ... 224
　第七节　机上急救设备 ... 224
　　一、急救箱 ... 224
　　二、应急医疗箱 ... 225
　　三、旅客药品箱 ... 226
　　四、自动体外心脏除颤器 ... 228
　　案例分享 ... 229
　　练习题 ... 230

参考文献 ... 231

第一章
民用航空安全管理体系

本章提示：安全是民航工作永恒的主题。敬爱的周恩来总理早在1957年10月5日就对民航工作作了重要批示，"保证安全第一，改善服务工作，争取飞行正常"。这一指示高度科学地概括了民航工作的特点，深刻地阐明了民航工作的基本内容，精辟地确定了航空运输质量的综合指标，成为民航工作的长期指导方针，对民航事业的发展起到了极为重要的指导作用。

学习本章课程目的是掌握民用航空安全管理体系（SMS）的内容，了解民用航空安全管理体系的发展和组成及国际相关民航组织对于安全管理的职权和职能。

第一节　中国民用航空安全管理体系

安全管理体系(Safety Management System，SMS)是国际民航组织倡导的管理安全的系统化方法，它要求组织建立安全政策和安全目标。通过对组织内部的组织结构、责任制度、程序等一系列要素进行系统管理，形成以风险管理为核心的体系，并实现既定的安全政策和安全目标。

一、中国民航推行安全管理体系的背景

2005年3月，加拿大民航局局长到中国民航总局访问，期间介绍了加拿大开展SMS的情况和SMS的理念，帮助中国民航建立SMS，由此正式拉开了中国民航开展SMS研究的序幕。

2006年3月，国际民航组织理事会通过了对《国际民用航空公约》附件6《航空器运行》的第30次修订。该次修订增加了国家要求航空运营人实施安全管理体系的要求，并规定从2009年1月1日起，各缔约国应要求其航空运营人实施被局方接受的安全管理体系。

2006年，民航总局将SMS建设确立为民航安全"十一五"规划的工作重点之一，设立6个专业组，其中航空公司组由民航总局飞行标准司负责，总局航空安全办公室负责总体协调。局方整合各方力量，深入研究国际民航组织有关SMS的内涵和要求，向全民航宣传SMS的理念。编写SMS差异指南材料和指导手册，开展相关培训。选择海航、深航作为SMS试点单位。

2007年3月，总局颁发了《关于中国民航实施安全管理体系建设的通知》，在全行业进行SMS总体框架、系统要素和实施指南等相关知识的培训。同时，于10月份正式印发了《中国民航安全管理体系建设总体实施方案》。

2007年11月，总局飞行标准司根据SMS的要求提出对《大型飞机公共航空运输承运人运行合格审定规则》(CCAR121部)做相应修订，增加要求航空运营人建立安全管理体系、设立安全总监等条款；同时，下发了相应的咨询通告《关于航空运营人安全管理体系的要求》，并就CCAR121修订内容和咨询通告征求各航空公司的意见。

2008年，民航工作会上进一步明确：2008年是SMS"全面实施年"，要求航空公司要重点抓好安全质量管理系统、主动报告机制、飞行数据译码分析系统和风险评估系统的建设。

二、安全管理体系概述

（一）安全管理体系的定义

1. 国际民用航空组织 (International Civil Ariation Organization，ICAO)

ICAO 对安全管理体系的定义：安全管理体系是有组织的管理安全的方法，包括必要的组织结构、问责办法、政策和程序。

2. 中国民航对安全管理体系的概括

安全管理体系是一个系统的、清晰的、全面的安全风险管理方法，包括目标设定、计划和绩效评估等，最终实现安全运行和符合局方的规章要求。

3. 安全管理体系的定义

通过对危险进行有效的管理来保证航空营运人健康有序运行的主动措施。简单来说，安全管理体系的由 3 个部分构成：安全、管理、系统。

1) 安全

安全管理体系建立的核心和目标就是安全。安全究竟该怎样定义？应该用产生后果的可能性和严重性反过来对安全进行描述。因此，安全可以被定义为人员伤害或财产损失的风险在可接受的水平或其以下的状态。举个例子：一架飞机的机组氧气面罩失效，这架飞机能不能起飞或者是不是安全呢？有人可能会说："没事，氧气面罩是在应急时候使用的，正常情况下飞机是安全的。"也有人会说："飞机一旦出事，氧气面罩不能使用，飞机就是不安全的。"针对飞机是不是安全这个问题，不能主观臆断，要用风险评价的方法对其评价，得出的风险值超过了设定的安全值时，就是不安全的。

这样的安全定义可能完全颠覆了传统思维意识中对安全的理解，感觉更抽象化了。

2) 管理

要想实现安全这个目标，就要运用管理的手段。传统的管理可能被理解为管理人、物或事件。而这里的管理可以定义为使用质量管理技术进行安全保证。管理不是目的，而是一种手段、一种持续的过程，它不是针对人或事，只是为了达到安全目的，对与安全相关的运行和支持过程持续进行质量管理。在管理之前，要对潜在的危险源进行风险评价，若超出了可控的允许范围，就需要对此采取风险控制措施。举个例子：飞机某一块盖板上少了一个螺钉，根据风险评价得出此风险的量化数值超过了可允许范围内的数值，管理者要求维修人员对其进行修复，并且以后也会一直关注。这就是一种质量管理行为，目的是使飞机能更安全地运行，而且管理者每天会持续地对飞机的安全运行进行监管，它是一种动态和常态的管理过程。

3) 系统

安全是有载体的，是在一定的系统内由相互作用、相互关联或相互依赖的要素组成一个统一的整体。简单来说，整个航空公司的有关安全运营的各项相关内容构成一个系统，它们相互作用、相互影响，最终为了共同的目的——使用飞机，安全正点地把旅客送往目的地。

(二) SMS 的理论基础

1. SMS 最基本的理论

SMS 最基本的理论是 Reason 理论，前提是人是会犯错误的，事故是由多种因素组合产生的。通过风险控制的方法可以阻止事故链的形成，从而避免事故的发生。风险的控制是安全生产的全程控制，包括事前的主动控制、事中的持续监督控制和事后的被动控制。

2. SMS 的特点

安全管理体系 (SMS) 具有以下特点。

(1) 安全成为核心价值。

(2) 面向全员，特别强调员工是 SMS 的关键。

(3) 被动式 (事后) 管理与主动式 (事前) 管理兼备，采用安全评估和风险管理等手段，积极预防事故。

(4) 能与现有的工作流程及其他业务活动计划兼容。

3. SMS 的组成框架

安全管理体系由以下几部分组成。

(1) 安全管理计划。

(2) 文件记录体系。

(3) 安全监督机制。

(4) 培训系统。

(5) 质量保证系统。

(6) 应急预案。

4. 安全管理的四大支柱

安全管理的四大支柱为政策、风险管理、安全保证和安全促进。这四大支柱是安全管理体系的基础。

1) 政策

所有的管理体系都必须明确政策、程序、组织结构以实现目标。

2) 风险管理

风险管理是将风险控制在可接受水平或其以下，安全管理体系的风险管理是以系统安全过程模式为基础的。

3) 安全保证

风险控制措施被确定后，运营人可利用安全保证功能，确保风险控制措施持续被执行并在不断变化的环境下持续有效。

4) 安全促进

运营人必须用支持良好安全文化的行为，促进把安全作为核心价值的活动。

三、安全管理体系的内容

安全管理体系包括以下 11 个方面的内容。

(1) 安全管理的政策和策略。

(2) 安全目标。

(3) 安全管理的组织结构与职责分配。

(4) 风险管理。

(5) 安全评估。

(6) 安全监督。

(7) 安全培训与教育。

(8) 运行日常监督检查。

(9) 事件调查。

(10) 安全信息报告与管理。

(11) 安全文化建设等。

四、中国民航安全管理体系的目标

在《中国民用航空安全管理体系建设总体实施方案》中，明确提出了中国民航安全管理体系的目标有 5 个部分共 18 个要素。

(1) 管理承诺与策划：包括安全政策与策划、组织与职责权限、安全策划和规章符合性 4 个要素。

(2) 风险管理：包括危险源辨识、风险评价与风险缓解和内部时间调查 3 个要素。

(3) 安全信息：包括信息管理和安全报告系统两个要素。

(4) 实施与控制和监督：包括资源管理、能力和培训、应急响应、文件管理和安全宣传与教育 5 个要素。

(5) 监督、测评与改进：包括安全监督、安全绩效监控、纠正措施程序和管理评审 4 个要素。

案例分享

案例 1：行李拖车与挂带拖斗分离

2013 年 12 月的一天下午，在忙碌的北京首都机场 T2 航站楼，某航空公司货运部门行李拖车在行驶过程中，拖车与挂带的拖斗造成分离，拖斗偏转滑行，刮碰到一架载满乘客的飞机的发动机。

事件调查中，安全隐患触目惊心。经调查，事件的发生有五大原因。

一是搬运人员使用了错误的拖斗连接销杆，致使事发拖斗间连接销杆与车型不匹配，连接销杆与拖斗接耳、挂环间有较大间隙，未形成可靠连接，在行李牵引车运行的过程中，受到路面颠簸及振动的影响。

二是拖斗刹车系统存在严重故障。左前轮刹车构件缺失，完全丧失刹车功能，右前轮刹车只具有一定刹车效果，造成拖斗与拖车分离失控后，拖斗偏离直线滑行路线，向右侧偏移行车道，冲向飞机右侧发动机。

三是没有建立系统的拖斗日常维护工作机制，缺乏完善的工作制度和程序，对拖斗的日常运行故障没有进行有效的评估和监控，造成部分拖斗带着重大安全故障运行。

四是运行手册对拖斗运行过程中涉及安全问题的关键环节缺乏明确的职责分工和详细的工作流程。

五是安全投入不足。航班运力与拖斗数量的实际保障能力存在较大矛盾。由于正常状态的车辆数量不足，容易导致带故障拖斗运行的情况。

案例 2：舱门应急滑梯在正常情况下被放出（如图 1-1 所示）

2006 年 6 月 14 日，某航空公司 A320/B-2377 号飞机执行航班任务。飞机在虹桥机场正常落地并滑入客机坪，发动机关车后，乘务长下达"解除滑梯预位"指令，乘务组执行指令完毕。在地面人员指挥下，乘务长开启了衔接好客梯的 L1 门，引导旅客离开飞机。客人下机完毕，地面工作人员纷纷上机准备回程航班保障工作。约几分钟后，机务人员开启 L2 门，只听见巨大的充气声音传来，L2 门舱门的应急滑梯在正常情况下被放出，导致回程航班延误。

事故调查显示：L2 门乘务员在乘务长下达"解除滑梯预位"指令时，听到旅客呼叫铃响起，急忙走入客舱，准备回来再操作。接着听到内话机声音，又急于回答，忘记了操作的事情。然后,开始向旅客告别致谢。L2门乘务员在听到了刺耳的充气声后才恍然大悟。

图1-1　舱门应急滑梯在正常情况下被放出

以上发生的两起事件是与SMS建设的基本理念不相符的,充分暴露出了SMS体系建设中存在具有共性的问题,为SMS建设敲响了警钟。

练习题

1. 对SMS的中英文全称给予解释。
2. 安全管理有哪四大支柱?
3. SMS具有哪些特点?

第二节　国际民航组织

国际民航组织前身为根据1919年《巴黎公约》成立的空中航行国际委员会。

一、国际民航组织成立的背景

创立时间:1944年。

隶属组织:联合国。

创立地点:美国芝加哥。

由于第二次世界大战对航空器技术的发展起到了巨大的推动作用,使得全球形成了一个包括客货运输在内的航线网络,但随之也引发了一系列亟须国际社会协商解决的政治和技术问题。因此,在美国政府的邀请下,52个国家于1944年11月1日至12月7日参加了在芝加哥召开的国际会议,签订了《国际民用航空公约》(The International Civil Ariation

Covenant，习称《芝加哥公约》），按照公约规定成立了临时国际民航组织(Provisional International Civil Ariation Organization，PICAO)。

1947年4月4日，《芝加哥公约》正式生效，国际民航组织也因之正式成立，并于同年5月6日召开了第一次大会。1947年5月13日，国际民航组织正式成为联合国的一个专门机构。

1947年12月31日，空中航行国际委员会终止，并将其资产转移给国际民航组织。

国际民航组织的最高权力机构是成员国大会，常设机构为理事会，常设执行机构为秘书处，下设航行、航空运输、技术援助、法律和行政服务5个局。截至2013年9月，国际民航组织共有189个成员国。

二、国际民航组织的主要活动

国际民航组织的主要活动有以下几个方面。

(1) 统一国际民航技术标准和国际航行规则。

截至2013年11月15日，国际民航组织已制定了19个国际标准和建议措施文件作为《国际民用航空公约》的附件，即：①人员执照；②空中规则；③航空气象；④航图；⑤计量单位；⑥航空器运行；⑦航空器国籍和登记标志；⑧航空器的适航；⑨简化手续；⑩航空通信；⑪空中交通服务；⑫搜寻和援救；⑬航空器失事调查；⑭机场；⑮航空情报服务；⑯航空器噪声；⑰安全保卫；⑱危险品运输；⑲安全管理。此外，还制定了若干航行服务程序。

对飞行事故原因的调查直接关系到能否接受教训、进一步保证飞行安全的问题。《国际民用航空公约》中专门列有关于飞行事故调查的附件，其中规定了飞行事故调查的组织方法、参加人选、调查程序以及事故调查报告的书写项目和格式等，并明确规定了发生事故的所在国，飞机的登记国、使用国和制造国在事故调查中的权利、义务和责任。图1-2所示为国际民用航空组织派遣人员对飞行事故进行调查。

查清飞行事故的原因对防止飞行事故至为重要，因为只有找出原因，才能有针对性地预防同类事故的再次发生。

(2) 协调世界各国国际航空运输的方针政策，推动多边航空协定的制定。

国际民航组织通过促进国际航空的合作，来简化联运手续，汇编各种民航业务统计，制定航路导航设施和机场设施服务收费的原则。此外，还编印关于国际航空运输发展情况、运价、航空邮运、货运、联营、旅游等方面的研究文献。

(3) 研究与国际航空运输有关的国际航空公法和影响国际民航的私法中的问题。

截至1981年，国际民航组织已制定了包括关于航空客货赔偿、防止危及航空器安全的非法行为、对地（水）面上第三者造成损害的赔偿、承认航空器所有权等 13 项公约或议定书。

图 1-2　国际民用航空组织派遣人员对飞行事故进行调查

(4) 利用联合国开发计划署的技术援助资金，向发展中国家提供民航技术援助。

对发展中国家提供民航技术援助的方式有派遣专家、顾问、教员，提供助学金和设备等。

(5) 组织联营公海上或主权未定地区的导航设施与服务法规 (Constitutional Affairs)。

修订现行国际民航法规条款并制定新的法律文书。主要项目如下。

① 敦促更多的国家加入关于不对民用航空器使用武力的《芝加哥公约》第 3 分条和在包用、租用和换用航空器时由该航空器登记国向使用国移交某些安全职责的第 83 分条（中国均已加入）。

② 敦促更多的国家加入《国际航班过境协定》（中国尚未加入）。

③ 起草关于统一承运人赔偿责任制度的《新华沙公约》。

④ 起草关于导航卫星服务的国际法律框架。

(6) 航行 (Air Navigation)。

制定并刷新关于航行的国际技术标准和建议措施是国际民航组织最主要的工作，《芝加哥公约》的 18 个附件中，有 17 个都是涉及航行技术的。战略工作计划要求这一工作跟上国际民用航空的发展速度，保持这些标准和建议措施的适用性。

规划各地区的国际航路网络、授权有关国家对国际航行提供助航设施和空中交通与气象服务、对各国在其本国领土之内的航行设施和服务提出建议，是国际民航组织"地区规划 (Regional Air Navigation Planning)"的职责，由 7 个地区办事处负责运作。由于各国越来越追求自己在国际航行中的利益，冲突和纠纷日益增多（例如在南中国海空域），致使国际民航组织的统一航行规划难以得到完全实施。战略工作计划要求加强地区规划机制的有效性，更好地协调各国的不同要求。

(7) 安全监察 (Safety Oversight Programme)。

全球民航重大事故率平均为 1.44 架次/百万架次，随着航空运输量的增长，如果这一比率不降下来，事故的绝对次数也将上升到不可接受的程度。国际民航组织从 20 世纪 90 年代初开始实施安全监察规划，主要内容为各国在自愿的基础上接受国际民航组织对其航空当局安全规章的完善程度以及航空公司的运行安全水平进行评估。这一规划已在第 32 届大会上发展成为强制性的"航空安全审计计划 (Safety Audit Programme)"，要求所有的缔约国必须接受国际民航组织的安全评估。

安全问题不仅在航空器运行中存在，在航行领域的其他方面也存在，例如空中交通管制和机场运行等。为涵盖安全监察规划所未涉及的方面，国际民航组织还发起了"在航行域寻找安全缺陷计划 (Programme for Identifying Safety Shortcomings in the Air Navigation Field)"。作为航空安全的理论研究，实施的项目有"人类因素 (Human Factors)"和"防止有控飞行撞地 (Prevention of Controlled Flight into Terrain)"。

(8) 制止非法干扰 (Aviation Security)。

制止非法干扰即中国通称的安全保卫或空防安全。这项工作的重点为敦促各缔约国按照《国际民用航空公约》附件 17"安全保卫"规定的标准和建议措施，特别加强机场的安全保卫工作，同时，大力开展国际民航组织的安全保卫培训规划。

实施安全审计是实施民航强国战略的重要举措，对促进机场的安全管理工作和掌握机场安全运行情况、提升监察员的安全监管能力都具有重要意义。要通过安全审计，需要在加快推进机场 SMS 建设、注重科技兴安、完善安全管理制度、加强应急保障体系建设、促进节能减排和提高服务保障水平等方面多下功夫。图 1-3 所示是国际民用航空组织官员来北京机场进行安全审计的情景。

图 1-3　国际民用航空组织官员来北京机场进行安全审计

三、国际民航组织的宗旨和目的

国际民航组织的宗旨和目的在于发展国际航行的原则和技术，促进国际航空运输的规划和发展，主要表现为以下几个方面。

(1) 保证全世界国际民用航空安全地、有秩序地发展。

(2) 鼓励发展和平用途的航空器的设计和操作技术。

(3) 鼓励发展国际民用航空应用的航路、机场和航行设施。

(4) 满足世界人民对安全、正常、有效和经济的航空运输的需要。

(5) 防止因不合理的竞争而造成经济上的浪费。

(6) 保证缔约各国的权利充分受到尊重，每一缔约国均有经营国际空运企业的公平的机会。

(7) 避免缔约各国之间的差别待遇。

(8) 促进国际航行的飞行安全。

(9) 普遍促进国际民用航空在各方面的发展。

以上九条共涉及国际航行和国际航空运输两个方面的问题。前者为技术问题，主要是安全；后者为经济和法律问题，主要是公平合理，尊重主权。两者的共同目的是保证国际民航安全、正常、有效和有序地发展。

四、中国民航组织的情况

1944 年 11 月 9 日中华民国政府

签署了《芝加哥公约》，并于 1946 年 2 月 20 日交存了批准书，成为国际民航组织的创始成员国。1971 年 11 月，国际民航组织通过决议，承认中华人民共和国为中国唯一合法代表。中华人民共和国于 1974 年 2 月 15 日开始行使其在 ICAO 的代表权，承认《国际民用航空公约》，并自同日起参加国际民用航空组织的活动。1974 年 2 月，中国政府正式恢复参加该组织并于当年当选为二类理事国后一直连任。1977 年，国际民航组织第 22 届大会决定把中文作为该组织的工作语言之一。2004 年第 35 届大会上，中国当选为一类理事国并连任至今。蒙特利尔设有中国常驻国际民航组织理事会代表处。

2013 年 9 月 28 日，中国在加拿大蒙特利尔召开的国际民航组织第 38 届大会上再次当选为一类理事国。这是自 2004 年以来，中国第四次连任一类理事国。当天参加投票选举的国家有 173 个，除中国外，德国、日本、意大利、澳大利亚、俄罗斯、巴西、美国、英国、法国、加拿大也同时继续当选一类理事国。

作为国际民航组织的创始国之一,中国积极参与国际民航组织的各类活动和项目。2010年以来,中国向国际民航组织的航空保安行动计划、北亚地区运行安全及持续适航合作、非洲航空安全全面实施计划项目提供了82万美元捐款,并与国际民航组织合作,为发展中国家培训了200多名航空专业人员。

在中国经济社会持续发展的推动下,中国航空运输业进入了快速发展的新阶段。作为世界第二大航空运输体系,2012年,中国完成航空运输总周转量610.32亿吨公里,旅客运输量3.19亿人次,货邮运输量545.03万吨。近三年年均增长幅度分别为12.6%、11.5%和7.0%。同时,中国民航在安全记录、提供空中航行服务、机场和机队的拥有量方面也取得了令人瞩目的成绩。2020年,中国的运输机场总数将达到260个,将满足旅客运输量约7亿人次的市场需求。

五、国际民用航空组织大会

(一)大会的含义

国际民用航空组织大会(以下简称"大会")是国际民航组织的最高权力机构,每三年举行一次。

(二)大会的大量日常工作

大会的大量日常工作是通过制定和修改《国际民航公约》的18个技术附件,以确定各国应采用的统一的民航技术业务标准,包括飞行程序、国际航路、空中交通管制、通信、气象、机务维修、适航、国际机场及设施等方面统一的国际标准;该组织还通过对各国航空运输政策和业务活动的调研(包括对各成员国航空协定进行登记汇集,统计运输业务数据,跟踪运力、运价市场变化等),并通过协调、简化机场联检手续等一系列活动,促进国际航空运输业务有效而经济地发展,力求避免不公平的竞争,管理在冰岛和丹麦设立的公海联营导航设施,充任联合国开发计划署向缔约国提供的民航技术支援项目的执行机构。

(三)国际民航组织安全管理体系工作

(1) 2001年11月,国际民航组织建议各国建立安全管理体系,将航空安全作为各国航空领域的首要战略目标。

(2) ICAO理事会于2004年12月17日召开的第173届会议批准了《ICAO 2005年至2010年的战略目标》,其中,安全为首要战略目标,并在安全战略目标中提出"支持各国在所有与安全相关的领域实施SMS"。

(3) 编写并颁布《ICAO SMS手册》,是安全战略目标中的一项。在此基础上,ICAO

制订了一项全面的后续计划来推动 SMS，协助各国协调一致地实施《ICAO SMS 手册》中有关安全管理的规定。

ICAO 提出各国应建立 SMS 的建议后，得到了许多国家的积极响应，各国民航当局也相继发布了有关的 SMS 及其指导材料。

国际民航组织目前有 18 个公约附件，涵盖了航空运输各个领域的国际标准与建议措施。近年来，随着安全管理体系以及国家安全方案 (SSP) 等安全管理理念的引入，国际民航界提出了将各附件中有关安全管理的条款整合、完善后形成一个新的附件的要求。

2010 年年初召开的高级别安全会议，要求国际民航组织尽快研究、制定新附件的有关方案。2010 年 10 月，国际民航组织第 37 届大会也提出了相同的要求。为此，国际民航组织航行委员会成立了专门工作组，负责组织、实施新附件的制定工作。近日，航行委员会审议了工作组制定的附件 19 的进程安排草案，并决定成立相应的专家组 (PANEL) 负责具体的附件起草工作。同时，航委会要求秘书处于近期发出国家级信函，邀请各成员国及国际组织派员参加该专家组。考虑到新附件制定的重要性，建议民航局积极派人员参与此项工作。

制定附件 19 进程安排如下。

2011 年 6 月，发出国家级信函邀请参加附件 19 专家组。

2011 年 9 月，成立专家组。

2011 年 11 月，召开专家组第一次会议。

2012 年 4 月，专家组提交附件 19 草案。

2012 年 5 月，航委会对附件 19 草案进行初审后，发出国际级信函征询意见。

2012 年 9 月，航委会根据反馈的意见，对附件 19 草案进行终审。

2013 年 1 月，航委会审议提交给理事会的附件草案。

2013 年 3 月，理事会批准附件 19，同时，出版已修订的《安全管理手册 (SMM)》。

2013 年 7 月，附件 19 生效。

2013 年 11 月，附件 19 适用。

练习题

1. 熟记国际民航组织的英文缩写和全拼。

2. 列举国际民用航空组织的主要活动。

3. 请列举国际民航组织大会的 10 项日常工作。

第三节　国际航空运输协会

国际航空运输协会(International Air Transport Association，IATA)是各国航空运输企业之间的联合组织，会员必须是持有国际民用航空组织的成员国颁发的定期航班运输许可证的航空公司。它的前身是六家航空公司参加的国际航空交通协会(International Air Traffic Association)，处理航空公司之间的业务以及航空公司与其他方面的关系问题。1944年，当各国政府筹建国际民航组织之时，航空公司也开始建立它们新的组织——国际航空运输协会；同年4月，在哈瓦那审议了该协会的章程，58家航空公司签署了文件；1945年12月18日，加拿大议会通过特别法令，同意给予其法人地位。

（一）协会总部与分支机构

协会总部设在加拿大蒙特利尔，执行总部设在瑞士日内瓦，同时在日内瓦设有清算所，为各会员公司进行统一财务上的结算。该协会在全球有7个地区办事处：比利时的布鲁塞尔(负责欧洲事务)，智力的圣地亚哥(负责拉丁美洲事务)，约旦的安曼(负责中东事务)，肯尼亚的内罗毕(负责非洲事务)，新加坡、中国的北京(负责亚洲事务)，美国的华盛顿(负责美国事务)。

（二）协会的目标和任务

协会的目标就是调解有关商业飞行上的一些法律问题，简化和加速国际航线的客货运输，促进国际航空运输的安全和世界范围内航空运输事业的发展。

协会的具体任务如下。

(1) 设定实施分级联运，使一张票据可通行全世界。

(2) 协议议定客货运段，防止彼此间的恶性竞争。

(3) 协议制定各文书的标准格式，以节省人力和物力。

(4) 协议规定运送人承运时在法律上应负的责任和义务。

(5) 协议建立各种业务一定的作业程序。

(6) 协议会员间相互利用装备，并提供新的技术知识。

(7) 设置督察人员，以确保决议的切实执行。

(8) 允许授权竞争，以保护会员公司的利益。

（三）协会成员

国际航空运输协会的会员分为正式会员和准会员两类。

申请加入国际航空运输协会的航空公司如果想成为正式会员，必须符合下列条件。

(1) 批准它的申请的政府是有资格成为国际民航组织成员的国家政府。

(2) 在两个或两个以上国家间从事航空服务。

其他航空公司可以申请成为准会员。

国际航空运输协会的执委会负责审议航空公司的申请并有权决定接纳该航空公司为哪一类的会员。

（四）协会机构

1. 全体会议

全体会议是国际航空运输协会的最高权力机构，每年举行一次，经执委会召集，也可随时召开特别会议。每个正式会员拥有一票表决权，如不能参加，它也可以授权另一个正式会员代表它出席并表决。

全体会议的决定要多数票通过。在全体会议上，审议的问题只限于那些涉及国际航空运输协会本身的重大问题，如选举协会的主席和执委会委员、成立有关的委员会以及审议本组织的财政问题等。

2. 执行委员会

执行委员会是协会的代表机构，对外全权代表国际航空运输协会。它的成员必须是正式会员的代表，任期分别为 1 年、2 年和 3 年。执委会的职责包括管理协会的财产、设置分支机构、制定协会的政策等。执委会的理事长是协会的最高行政和执行官员，在执委会的监督和授权之下行使职责并对执委会负责。执委会下设秘书长、司库及一些专门委员会和内部办事机构，维持协会的日常工作。目前执委会有 30 名成员。

3. 专门委员会

专门委员会分为运输、财务、法律和技术委员会。

每一委员会由专家、地域代表及其他人员组成并报执委会和大会批准。目前，运输委员会有 30 名成员，财务委员会有 25 名成员，技术委员会有 30 名成员，法律委员会有 30 名成员。

（五）协会主要工作

根据 1978 年国际航空运输特别大会的决定，国际航空运输协会的活动主要分为两大类，即运价协调活动和行业协会活动。1988 年，又增加了行业服务。

1. 运价协调

国际航空运输协会通过召开运输会议确定运价，经有关国家批准后即可生效。为便于工作，协会将全球划分为三个区域，即一区——北美洲、中美洲和南美洲；二区——欧洲、中东地区和非洲；三区——亚洲、澳大利亚和太平洋地区。

国际航空运输协会制定了一整套完整的标准和措施，以便在客票、货运单和其他有关凭证以及对旅客、行李和货物的管理方面建立统一的程序，这就是所谓的"运输服务"，它主要包括旅客、货运和机场服务3个方面，也包括多边联运协议(Multilateral Interline Traffic Agreements，MITA)。

2. 行业协会

国际航空运输协会在1952年就制定了代理标准协议，为航空公司与代理人之间的关系设置了模式。协会开办一系列培训代理人的课程，为航空销售业培养合格人员。协会近年来随自动化技术的应用，发展制定了适用客、货销售的航空公司与代理人结算的"开账与结算系统(Billing and Settlement Plan，BSP)"和"货运账目结算系统(Cargo Accounts Settlement System，CASS)"。

3. 法律工作

国际航空运输协会的法律工作主要有如下方面。

(1) 为世界航空的平稳运作而制定文件和程序的标准。

(2) 为会员提供民用航空法律方面的咨询和诉讼服务。

(3) 在国际航空立法中，表达航空运输承运人的观点。

4. 技术

国际航空运输协会对《芝加哥公约》技术附件的制定起到了重要的作用。协会目前在技术领域仍然进行着大量的工作，主要包括航空电子和电信、工程环境、机场、航行、医学、简化手续以及航空保安工作。

（六）国际航空运输协会在中国的发展情况

目前，中国内地共有中国国际航空公司、中国东方航空公司、中国南方航空公司、上海航空公司、海南航空公司、山东航空公司等十多家航空公司属于国际航协会员航空公司。

国际航协于1994年4月在北京成立办事处。它从最初的代理人事务办事处迅速成长为IATA七大地区办事处之一，主管东北亚地区事务，包括中国内地、台湾、香港和澳门，以及朝鲜、蒙古和中亚五国。

练习题

1. 熟记国际航空运输协会英文全拼及协会总部与分支机构。
2. 叙述国际航空运输协会的主要工作。
3. 国际航空运输协会的代表机构是什么？代表机构的成员必须是谁的代表？任期分别为几年？

第二章
民用航空安全

本章提示：当今飞机已经成为一种十分通用的交通工具。乘坐飞机旅行，既省时，又舒适。虽然飞机的事故发生率远远低于汽车、火车等交通工具，但由于飞机的特殊性，一旦发生事故就会造成较严重的后果。因此，保证飞行安全、空防安全、客舱安全成了一件刻不容缓的事，是民用航空安全的重要组成部分。学习本章的目的是了解飞行安全的因素、空防安全及客舱安全的部分内容。

第一节 飞 行 安 全

飞行安全(Aviation Safety)是民用航空安全的重要组成部分,在国际上普遍称为航飞安全。它所涉及的是与航空器飞行相关的客观因素,如航空器的性能、物理状态、航空活动中所依赖的航空设备、设施问题,通信、导航、气象问题,从事航空活动的飞行人员素质问题等。

飞机的机翼和尾翼是保持飞机在飞行时的动作及方向平衡的最重要的部位,且机翼与尾翼是飞机上最结实的部位,在发生碰撞的时候不会产生收缩。

现在导航系统、空中管理与地面保障比较完善,飞机之间发生事故很少。如果在地面时飞机发生剐蹭(如图2-1所示)等事件,可能在三个环节出现了问题:首先是机场地面保障,跑道或停靠划线范围与机型不匹配。其次是空中管制,首都机场航班量比较大,放行时可能会出现误差。再次是飞行员(操作时)偏离跑道或者停靠位置出现差错。

图 2-1 两架飞机剐蹭

一、空中交通管制

空中交通管制(Air Traffic Control,ATC)是利用通信、导航技术和监控手段对飞机飞行活动进行监视和控制,保证飞行安全和有秩序飞行。它是指利用技术手段和设备对飞机在空中飞行的情况进行监视和管理,以保证其飞行安全和飞行效率。根据国际民航组织的规定,空间交通管制的主要任务是:防止飞机在空中相撞,防止飞机同障碍物相撞,保证空中交通无阻和有序飞行。

现在的空中交通管制分为高空管制、中低空管制、终端区管制。其中终端区管制又分为放行、机坪、地面、塔台、离场、进场、五边。如图2-2所示。

图2-2 空中交通管制系统（塔台）

飞行员得到的指示来自空中交通管制系统（塔台）。塔台人员利用无线电或其他通信方式，导引飞机进行起飞或降落的动作。这种安全监督的模式能够加强飞行安全，加快班机处理速度。

放行：需飞行签派员和该航班机长共同完成。飞行签派员负责告知机长，该航班飞行数据，其中包括目的地、使用跑道、按计划航路飞行巡航高度、离场程序、应答机编码、起始高度、离场频率、油量、旅客与机组人数、平衡配载、航行情报等。负责告知飞机起飞后的飞行路线和无线电号码，随后飞机交给地面管制。

离场：飞机为爬升状态，管制员通过雷达识别，接收飞机，指挥其按标准离场程序（SID）飞行，给出上升高度指令，并将空域内有关空中交通情报通知飞行器，直到飞机离开管制范围，进行管制移交，将航空器飞越移交点的时间、高度通知区域管制单位（区调）。

进近/进场：负责范围内抵达的本场飞机。当飞机进入负责范围内，进近会告知使用跑道并引导飞机进入五边飞行的进场路线，指引飞机如何安全地加入路线。直到飞机准备落地，交给塔台。当受天气影响时，进近将引导空中的飞机盘旋等待时机降落。

二、地面管制

地面管制员会引导各种车辆，使用限定的滑行道在机场内移动，在飞机通过时会告诉它们可通过跑道的时间，以及车辆停放的位置。所有机场地面交通指挥（飞机跑道除外）包括飞机移动、行李拖车、除雪机、割草机、加油车，以及各种各样的其他车辆。此外，地面管制也负责通知飞行员使用哪条跑道，当飞机准备起飞时，会先停在跑道的起点，这时由塔台管制接手，告诉飞行员起飞的时机。飞机降落并离开跑道后，由地面控制接手。

三、天气

危害飞行安全的天气包括台风、雹、雷雨、风切变等天气现象，因此，机场附近大多设有一个或数个天气雷达站，由当地气象部门或机场自身的气象机构负责管理，并定时发放气象信息给飞行员或空中交通管制塔的工作人员。影响飞机飞行的有以下六大气象因素。

1. 气压、气温、大气密度

这些因素影响飞机起飞和着陆时的滑跑距离，影响飞机的升限和载重以及燃料的消耗。专家指出，飞机的准确落地和高空飞行离不开场压和标准大气压。

气温对飞机的载重和起飞、降落过程的滑跑距离影响较大。随着气温的升高，空气密度变小，产生的升力变小，飞机载重减小，同时起飞滑跑距离变长。

2. 风

风影响飞机起飞和着陆的滑跑距离和时间。

一般飞机都是逆风起降，侧风不能过大，否则无法起降。

航线飞行，顺风减少油耗，缩短飞行时间，顶风则相反。但易造成飞行事故的是风切变，占航空事故的20%左右，这是由风的不连续性造成的，它具有时间短、尺度小、强度大的特点。

3. 云

机场上空高度较低的云会使飞行员看不清跑道，直接影响飞机的起降。其中，危害最大的云是对流云，飞机一旦进入对流云，易遭到电击，使仪表失灵，油箱爆炸，或者造成强烈颠簸、结冰，使操纵失灵，发生飞行事故。

4. 能见度

能见度是正常视力的人在当时天气条件下，从天空背景中能看到或辨认出目标物的最大水平能见距离。它对飞机的起降有着最直接的关系，所谓的"机场关闭、机场开放，简单气象飞行，复杂气象飞行"，指的就是云和能见度的条件。

5. 颠簸

飞机飞行中突然出现的忽上忽下、左右摇晃及机身震颤等现象称为颠簸。颠簸的出现一般与空气湍流有关。

颠簸强烈时，一分钟上下抛掷几十次，高度变化几十米，空速变化可达每小时 20 千米以上，造成飞行员操控困难或暂时失去操控。

6. 结冰

飞机结冰是指飞机机体表面某些部位聚集冰层的现象，它会使飞机的空气动力性能变坏，使飞机的升力减小，阻力增大，影响飞机的安全性和操纵性。飞机的不同部位结冰，分别有不同的后果，具体如下。

(1) 旋翼和螺旋桨叶上结冰，会造成飞机剧烈颤动。

(2) 发动机进气道结冰，可能会损坏飞机。

(3) 驾驶舱风挡结冰，妨碍目视飞行。

(4) 天线结冰，影响通信或造成通信中断。

四、环境

为避免鸟类碰撞飞机造成飞安事故，大型机场会进行鸟类控制计划，震慑或射杀机场附近的鸟类。

机场跑道大多铺设沥青或混凝土，取代了植被的路面，造成排水模式的变化，导致更多洪水、径流和土壤侵蚀的情形。

飞机噪音不仅来自飞机起降，地勤的作业，包括飞机维修和测试，也都会产生噪音。噪音容易影响睡眠品质，对健康造成影响。

一些机场的管理部门会加强对环境保护的措施，包含对水、空气、土壤和噪音污染，以及资源节约和机场附近自然生态的保护。

案例分享

 案例：一架飞机在首都机场紧急迫降（如图 2-3 所示）

2004 年 1 月 15 日，由北京飞往东京的伊朗航空公司 B747-SP 班机于 9 时 11 分起飞，机上载有 147 名乘客，其中有 89 名中国人。几分钟后，首都机场指挥中心得到飞机传来的消息——因飞机出现前起落架无法打开的情形，空中发生机械故障，要求紧急返航。于9时33分返回，紧急迫降在北京首都国际机场。

图 2-3　飞机紧急迫降

飞机后起落架轮子慢慢着地，机体以机头悬空的方式开始滑行。滑行持续了300多米，其间冒出了一些很小的烟雾。然后机头左侧有一些火光，瞬间机头突然着地，飞机在几秒钟内戛然停止。几乎与此同时，机头左侧擦出更大的火花，但随即自行消灭。在一阵黑烟过后，飞机停在了跑道上，机头下部紧紧地贴在地上。机场跑道上留下了50多米的划痕。

飞机停稳，大约20分钟后，客舱乘务员得到机长"撤离"的指令，飞机左右两侧前门最先放出应急充气滑梯，乘客们依次滑出飞机。先下飞机的人随即按机场工作人员的引导上了机场摆渡巴士，大约在20分钟后，所有乘客和27名伊朗机组人员都撤离了飞机。

由于撤离工作处理得当，未发生乘客重大伤亡，仅有6名乘客中断了旅行计划，其中有一名日本老人，他因为从充气滑道撤离时不慎丢失了护照，而无法在当日转机。另外5名乘客均为中国人，其中一名母亲带着两名儿童，因为一名10个月的婴儿出现发烧，3人全部留下；另外两人因为受惊也选择暂留国内。

练习题

1. 飞行安全是民用航空安全的重要组成部分，在国际上普遍称为航飞安全，英文怎样表达？它所涉及与航空器飞行相关的有哪些客观因素？

2. 熟记空中交通管制ATC的全拼。

3. 影响飞机飞行安全的有哪六大气象因素？

第二节 空防安全

空防安全(Aviation Security)，国际上称为航空保安。它涉及的是与民用航空安全相关的人的主观因素，主要是某些人为了政治、经济或其他的组织或个人目的，人为地非法扰乱民用航空秩序、破坏航空设施、危害民用航空安全的问题。

一、空防安全的定义

空防安全，是指为了有效预防和制止人为地非法干扰民用航空的犯罪与行为，保证民用航空活动安全、正常、高效运行所进行的计划、组织、指挥、协调、控制，以及所采取的法律规范的总和。

空防安全这个概念，并非是对国际上航空保安概念的直接翻译。它是根据我国民航航空保安的历史发展，逐渐与国际民航航空保安相结合，科学总结、概括出的一个特定概念。新中国民航从诞生的那天起，航空保安就是一项十分重要的工作内容。

二、空防任务

1983年10月4日，在中国民航局《关于严防阶级敌人劫持、破坏飞机的通知》中，第一次明确提出了"空防安全"这一新的概念。同年12月4日，在中国民航局下发的《中国民用航空局关于保证安全的决定》中，首次提出"民航各级主要领导一定要把保证飞行安全和空防安全作为自己的中心任务"。将"确保人机安全"明确规定为保证空防安全的"最高原则"。与"空中防线安全"和"反劫机"相比较，空防安全的内涵已经发生了根本性质的变化。

空防任务包括以下几点。

(1) 承运人应当对航空运输过程中的旅客、货物承担相应的安全保卫责任。

(2) 乘机人办理承运手续时，承运人必须核对乘机人的身份证和行李。

(3) 承运人应当对始发航班民用航空器进行清舱检查。

(4) 旅客乘机时，承运人必须核对旅客人数。

(5) 已办理登机手续而未登机旅客的行李不得装入或者留在航空器内。

(6) 旅客在中途中止旅行时，必须将其行李卸下飞机，已经经过安全仪器检查的除外。

(7) 承运人对承运的行李、货物，在地面存储和运输期间，必须有专人监管。

(8) 错运的行李、货物应当放置在安全存储区，直到行李按照有关规定被运走、认领或者处理完毕为止。

2001年3月，中国成立了国家处置劫机事件领导小组，作为国家的常设机构，并制定下发了《国家处置劫机事件总体预案》，明确提出了空防安全的目的是最大限度地保证乘客、机组人员和航空器的安全，维护国家整体利益和安全，并且对空防安全的范围、基本原则、组织指挥、情况报告、基本程序做出了新的规定，使中国空防安全工作进入了一个崭新的阶段。

2001年美国发生"9·11"事件之后，空防安全的目标已由保护人机安全上升到保卫国家安全，空防工作全面国际化。

三、空防安全的内容和管理机构

（一）空防安全的主要内容

(1) 防止劫机、炸机，防止非法干扰民用航空运营秩序。

(2) 正确处置劫机、炸机和袭击、破坏事件，防止非法干扰民用航空安全的行为及活动。

(3) 保证民航飞机飞行、客货运输及经营活动的开展，包括为了民用航空器、民航机场、民航设施、旅客生命财产、航空货物邮件的安全所采取的各种预防措施。

(4) 制止和处置所发生的劫机、爆炸航空器、攻击民航机场、破坏民用航空设施、非法干扰民用航空运营秩序的行为、事件实施的各项安全措施、安全规章、法律手段以及人员和器材、资源的总汇。

（二）空防安全管理机构

国家成立了以下国家级别的空防安全管理机构。

(1) 国家反劫机处置领导小组。

(2) 领导小组专门办公室。

(3) 民航总局公安局。

(4) 民航地区管理局公安局。

(5) 空中警察队伍。

(6) 机场公安局。

四、空防安全面临的挑战

空防安全面临着四大挑战，具体如下。

1. 空防安全面临前所未有的形势严峻的挑战

在国际上，民用航空成为恐怖分子实施恐怖活动的首选目标。正是在这种形势下，投入到国际竞争中去的中国民航企业，空防的范围扩大到全世界。危及空防安全的对象，已经不仅仅是一个精神病患者、一把手术刀片、一把原始的黑火药，而是将要面对用高科技武装起来的意欲制造重大事件的亡命之徒。

2. 多年形成的空防安全管理模式已经随旧体制而破除，亟须建立起与新形势相适应的新机制

空防安全重在预防，预防工作如同一个充足气体的气球，只要有一处有了漏洞，整个气球将会瘪掉，这就是我们说的"气球效应"。空防安全责任可以划分，空防安全预防的整体性却不能分解。

3. 能否充分认识空防安全的作用，正确树立空防安全工作在企业的地位，是空防安全面临的又一个挑战

空防安全工作的产出是不明显的，这就容易被人们所忽视。能否将空防安全放在一个正确的位置上关系重大，历史已为我们提供了深刻的教训。

4. 我国的空防安全将接受国际民航组织的强制性审计

国际民航组织已经对《安全保卫——制止对国际民用航空进行非法干扰行为》(《国际民用航空公约》附件17)进行了第12次修订，强化了民用航空保安政策和国际标准。要求每个缔约国在切实可行的范围内，应确保原仅适用于国际民用航空的标准和建议措施应用于国内民用航空，并且增加了对航空保安质量控制和人的因素的国际标准和建议措施。按照新的国际标准，国际民航组织于2003年开始对所有缔约国的民用航空保安状况进行强制性审计。我国是首批被审计的国家之一。中国民用航空企业空防安全工作要达到新的国际标准，尚须做大量的工作。

案例分享

 案例：关于空防安全

【事情经过】

2015年7月26日0时40分，深圳航空公司ZH9648台州至广州航班发生一起机上纵火事件。机上9名机组成员临危不惧、协同配合、果断处置，成功扑灭明火、稳定客舱秩序、制服犯罪嫌疑人。0时58分，飞机安全着陆，确保了机上97名乘客的生命财产安全和航空器安全。

2015年7月26日下午，乘客梁先生讲述了事发经过：男子两次点火，还拔刀威胁机上乘客，最终被乘客用行李堵住并制服。

梁先生回忆，事发时飞机已准备降落。飞机广播提醒乘客"调直座椅靠背收起小桌板"没多久，一名50多岁的男人从经济舱向头等舱走去，手里拿着一份报纸。不久，梁先生听到前排传来尖叫声，闻声望去，他看到头等舱冒出黑烟。有乘客拉开头等舱和经济舱之间的布帘后，火苗窜了出来，"两个乘务员手持灭火器将火扑灭。"

"机舱里满是汽油味和奇怪的味道。"梁先生说。点火后男子返回经济舱，手里拿着一把20cm长的匕首，一边挥刀一边威胁乘客"给我老实点"，一名乘客的手被划伤。两名男乘务员一前一后将男子堵在过道上，一边与之对峙，一边将他堵回头等舱。

随后，男子再次点燃了火。"火比第一次还大，都是黑烟。"梁先生称。但火也马上被扑灭，几分钟后飞机落地，机场外已有消防、公安等车辆在等候。随后，机组人员打开舱门让大家从滑梯紧急撤离。

"在这过程中那男的也跳下去了，我下机时看到他趴在地上，好像也受伤了。旁边机组人员将其控制。"

梁先生称，下飞机后，所有乘客均被留在机场接受机场公安调查，直至早上7时左右才被允许离开机场。"前排乘客都做了笔录，所有乘客都留了电话和身份证号等信息。"

深航方面通报，机组人员发现一名旅客的异常举动后，在空中启动应急处置程序，并第一时间通知空管、白云机场等相关单位，随后机组控制该旅客，飞机于26日0时58分安全降落在广州白云机场后，机组启动紧急撤离程序及时疏散旅客，所有旅客均安全撤离。

【伤亡情况】

事件中无人员死亡，有2人轻伤被送往医院救治，其中一名伤者手臂外伤经治疗后已出院，另一位伤者腰部扭伤留院观察。疑犯被捕时跳机伤及头部，现已脑死亡。

【事故处理】

台州民航局长被免，当班职工开除。

停止台州机场运行。民航局召开电视电话会议，要求民航各地区管理局立即对辖区内的中小机场和新机场进行空防安全检查，重点加强对安检工作的整治，并要求民航华东地区管理局对台州机场进行安全评估。

【表彰】

民航局通报表彰深圳航空ZH9648机组，记集体一等功，奖励人民币30万元；奖励2名见义勇为旅客人民币各3万元。

中航集团决定给予深圳航空ZH9648机组安全专项奖励人民币60万元。

国航决定给予深圳航空ZH9648机组当班机长蔡小戈、乘务长周晨菲、安全员王浩鹏、杜福、乘务员董雪琼记大功；给予第一副驾驶杜欣、第二副驾驶袁成雨、乘务员张小匆、刘莉记功；奖励ZH9648机组人民币80万元；对于两名见义勇为旅客给予各人民币5万元，享受终身白金卡会员待遇。

深国际决定给予人民币60万元奖励。

深圳航空决定给予ZH9648机组、两名见义勇为旅客及相关单位人民币100万元奖励。

经深航综合统筹考虑，决定：给予ZH9648机组当班机长蔡小戈、乘务长周晨菲、安全员王浩鹏、杜福、乘务员董雪琼共计各人民币30万元奖励；给予第一副驾驶杜欣、第二副驾驶袁成雨、乘务员张小匆、刘莉共计各人民币25万元奖励；给予两名见义勇为乘客陈金彪、张学美共计各人民币15万元（税后）奖励。

【纵火者介绍】

纵火嫌犯名翟金顺，系浙江省台州市人，作案时50岁左右，常年在外做生意，有犯罪前科。

【社会质疑】

违禁品怎能带上飞机？

这是否意味着台州机场安检可能存在重大漏洞？

【纵火者承担责任】

《刑法》第114条规定，"放火、决水、爆炸以及投放毒害性、放射性、传染病病原体等物质或者以其他危险方法危害公共安全，尚未造成严重后果的，处三年以上十年以下有期徒刑。"

《刑法》第123条规定，"对飞行中的航空器上的人员使用暴力，危及飞行安全，尚未造成严重后果的，处五年以下有期徒刑或者拘役；造成严重后果的，处五年以上有期徒刑。"

练习题

1. 国际上称为航空保安的英文解释是什么？
2. 作为国家的常设机构，2001年3月中国成立了国家处置什么事件领导小组？
3. 叙述空防安全的内容。

第三节　客舱安全

安全永远是旅客及客舱服务的基本要求，客舱安全需要旅客和乘务员共同创造和维护。虽然这其中必然有管理和被管理的矛盾，但二者永远都是一个有机的整体。

一、限制使用电子类产品

1. 为什么在起飞、落地阶段不能使用手机和其他电子类产品

在飞机上，使用中的某些电子装置会干扰飞机的通信、导航、操纵系统，会干扰飞机与地面的无线信号联系，尤其在飞机起飞、下降时干扰更大，即使只造成很小角度的航向偏离，也可能导致机毁人亡的后果，是威胁飞行安全的"杀手"。以移动电话为例，移动电话不仅在拨打或接听过程中会发射电磁波信号，在待机状态下也在不停地和地面基站联系，虽然每次发射信号的时间很短，但具有很强的连续性。飞机在平稳飞行时，距地面6000～12 000米，此时手机根本接收不到信号，无法使用，在起飞和降落过程中，手机才有可能与地面基站取得联系，但此时干扰导航系统产生的后果最为严重。《中华人民共和国民用航空法》（以下简称《民用航空法》）第88条对旅客在机上使用便携式电子装置做出限制，并在第200条中做出对违反者予以治安管理处罚乃至刑事处罚的规定。各航空公司在机上广播词中亦加入了要求旅客在飞机上关闭随身携带的便携式电子装置电源的内容。

2017年10月，交通运输部修订了《大型飞机公共航空运输承运人运行合格审定规则》，放宽了对机上便携式电子设备的管理规定，允许航空公司为主体对便携式电子设备的影响进行评估，并制定相应的管理和应用政策。

在飞机滑行、起飞、下降、着陆等飞行关键阶段，移动电话、电子书等小型PED设备不允许连接耳机、充电线等配件。并且在这些阶段电子设备处于关机或飞行模式。

在部分航班上可以通过机上Wi-Fi信号实现全程上网服务。飞机在空中能够实现上网功能，主要依赖的是太空中的卫星信号。在卫星轨道上存在多颗可以提供上网服务的卫星，飞机在飞行过程中通过卫星和地面站直连，就可以享受到高速稳定的上网服务。

2. 在客舱内不能使用的电子类产品

在客舱内禁止使用的电子装置有手机、游戏机遥控器、业余无线电接收机、CD唱机等。

当我们尽享现代科技带来的便利时，不能忽略了国家的相关法规，尤其在涉及自己和他人生命财产的安全时更需注意。

二、客舱安全的重要因素——旅客和乘务员

（一）对旅客分类

如果把乘机的旅客进行一个概括的分类，大致可以分为"懂得航空法及安全规定"和

"不懂得航空法及安全规定"两大类。

1. "懂得航空法及安全规定"的旅客

所定义的"懂得航空法及安全规定"的旅客只是相对而言。这部分旅客由于经常乘机，因而对于一些基本的安全规定耳熟能详，相对了解。但即便是这样，仍有人屡屡违规破戒，给飞行安全及自身安全造成隐患。这又是什么原因呢？

(1) 旅客知道相关法律的存在，却不是很清楚其制定的原因。

乘务员在客舱进行安全检查、提醒旅客执行安全规定时，常会颇不耐烦地说："知道了，知道了"，或很不情愿地去做，或拖延很久，甚至拒绝执行。诸如起飞、下降要求旅客打开遮光板，有些乘客会嫌晒怕热，殊不知这样会对判断飞机外部情况非常不利；要求收起小桌板，旅客会觉得不方便，殊不知滑行时万一飞机有紧急制动，小桌板和身体之间的碰撞会造成很大的伤害。每一条安全规定背后都隐藏着事故发生的可能，甚至是血的教训。很多情况下旅客没有及时遵守规定，就是因为不清楚这些规定的含义。

(2) 由于第一项的存在，因而当遵守法规与自身利益要求相抵触时，某些乘客会选择自身利益至上。

权利和义务是相对统一又相对矛盾的。旅客们坐飞机都要求有舒适的服务体验和舒心的旅程。可一部分旅客却错误地将这理解为随心所欲地按自己的意志行事。例如，登机时请旅客对号入座，有些旅客常常会指责乘务员太死板，"就我一个人不对号，难道飞机的重心就失衡了吗？"的确，一个人不会导致这样的后果，可如果其他旅客都要求有这样随便选择座位的权利，航空还有安全可言吗？甚至有些"聪明"的旅客在卫生间偷偷吸烟，担心烟雾报警器报警，拿纸杯将其罩住。难道报警器不响就不会引起火灾吗？总以为一两个人的行为不会给安全带来危害，总以为自己可以将事态控制在一定的范围之内。如果飞机上多几个这样的旅客，万一事态失控，受损伤的哪里仅仅是个别人？乘客在了解一些安全规定后往往又容易对其忽视，这就造成更注重个人的舒适感受，而忽略飞机的整体安全。

(3) 自尊心重，不愿意被别人提醒，怕被看作是不懂行的人。

常坐飞机的人多多少少有些优越感，在登机时，不会像初次登机的人目光那么漂移和不知所措。当你主动上前为其引导座位时，有时会被拒绝。这类旅客不希望在一些乘机的基本常识上被人提醒，更多希望得到的是尊重和较为自由的行为方式。

关于此类旅客，从很大程度上讲，其行为受到了自己思维判断的影响。当被强制执行一项安全规定时，常会影响其乘机感受。因此，在对待此类旅客不遵守规定时的态度和方式上要注意与初次乘飞机的旅客有所区别。首先要考虑旅客为什么不遵守规定，提前想到解决他们困难和顾虑的方式。要求其执行安全规定时，也最好以关心和提醒的语气。当然，对屡次规劝仍不听从的人另当别论。总之，要站在旅客的立场上，充分做到"知己知彼"，这样就为安全管理赢得了主动权。

2．"不懂得航空法及安全规定"的旅客

这类旅客乘机不像坐火车、汽车那样次数多。飞机"不触地"的行驶和层层的安全检查、诸多的限制总让初乘者感觉有些神秘和或多或少的恐惧。无论是对于客舱设备、乘机常识，还是有关乘机方面的安全规定，他们都知之甚少。这就给飞行安全和自身安全制造了诸多不安定和不利的因素。

(1) 此类旅客对于航空法及安全规定不知道或知道太少，导致他们对于维护客舱安全、自身保护防范观念淡漠。

(2) 相对于第一类旅客而言，这类旅客的某些违反安全规定的行为具有突然性。如有的旅客在飞机即将着陆阶段突然把安全带解开；飞机滑行时打开行李箱；飞机未停稳，急于提拿自己的行李物品。

(二) 乘务员

国际民航组织《安全管理手册》第 16 章 "航空器的运行" 中指出：客舱安全的目的是将航空器乘员的风险减少到最低程度。为了减少或者消除可能造成伤害或损害的危险，客舱安全把重点放在了为航空器乘员提供一个更安全的环境上。航空器乘员包括机组成员及所有在客舱中的乘客。

作为乘务员，所肩负的是客舱内部的安全，它是飞行安全的重要组成部分和重要保障。从 Cabin Attendant 到 Cabin Crew，再到 Security Personal，在乘务员称呼上的变化可以看出国际民航组织对乘务员的职责有了更加明确的定位：乘务员是以客舱安全管理为基础职责的，而对于旅客的安全管理是其中的重要环节。

首先，乘务员是客舱安全的管理者。管理者首先要对所管对象和内容熟悉，才能实施管理。现代科学技术日新月异，航空法规也在不断完善和进步，乘务员要不断学习、更新知识，严格遵守、执行法律法规。在实行管理的同时，对于旅客心理的需求变化要及时发现，这样才能迅速而准确地找到应对方式。

同时，乘务员自身的安全管理也是最好的示范作用，这样才可以更好地为旅客服务。电子设备管理方面，航空公司开始实行由带班乘务长在起飞前检查乘务人员的手机等电子设备有没有处于关机状态，在保证自身遵守规定的情况下才能更好地服务于旅客。

三、安全演示和安全须知

起飞前的安全演示是为乘客介绍紧急设备使用方法的重要阶段，通过这个环节能够了解怎样正确使用机上应急逃生设备。安全演示的内容包括如下几个方面。

(1) 乘务员演示。

(2) 安全须知卡。

(3) 播放《安全须知》录像。

四、关于机上安全标识

机上大部分旅客使用的设备上都标有图形标示和简明的文字标示。例如：

(1) 卫生间的门上标有开启方式。

(2) 卫生间内装有烟雾探测器。

(3) 行李箱最大承重。

案例分享

 案例1：旅客吸烟

1982年12月24日，一架IL-18型客机由长沙飞往广州，在广州落地后起火，有25名旅客遇难，飞机报废。发生这一事故最根本的原因是旅客吸烟，引起了电器舱失火。

 案例2：飞机单发乘务组紧急处置

2006年9月，在北京飞往东京乘坐着近200名旅客的国际航班上，发生了触目惊心的飞机单发乘务组紧急处置的真实情景。

早晨，飞机像往常一样滑跑起飞。约10分钟后，已经有一部分旅客在飞机的摇晃中闭目休息。突然，睡着的旅客被机身外部发出的两声巨响惊醒，随之感受到机身猛烈地摇晃。乘务长立刻意识到飞机一定出了问题，她立即通过内话通知各厨房关闭全部电源，并通过广播告知机上全体旅客系好安全带，然后要求乘务员对客舱进行全面仔细的安全检查。

整个乘务组内紧外松，乘务长等待机长的电话。这时机长通知："飞机右侧发动机失效，将在20分钟后返航降落。"

乘务长立即召集全体乘务员将紧急情况和机长的决定通报了大家，按照应急处置程序进行了分工：首先稳住旅客情绪，保持良好的客舱秩序；同时，做好飞机着陆前的再次安全检查，固定所有物品行李，做好防止冲撞准备。

此时，有的旅客在流泪，有的旅客在祈祷，有的旅客在给家人留言。为了缓解旅客的紧张情绪，乘务组在客舱不停地安抚旅客的情绪，并采用广播的形式告诉全体旅客：全体机组人员具有高水平的飞行经验，有信心确保每位旅客的安全，请求乘客予以配合。

全体组员沉着冷静、临危不乱，在机长、主任乘务长的指挥下，做好了应急撤离的一切准备工作，确保飞机安全着陆。

飞机在地面塔台的指挥下，飞行机组正确处置，飞机在单发情况下缓缓降落，安全、平稳地落地。飞机停稳后，机长传来信息"解除滑梯预位，旅客正常下机"。客舱内旅客热烈的掌声经久不息。旅客下机时，纷纷向机组、乘务组致谢："下次还坐你们的飞机。"

案例3：飞机返航

2007年1月，某公司发生了一起舱门操作不当造成缓慢失压、飞机返航的事件。后经查明，B-738飞机旅客登机完毕后，空警协助PS关闭L1门，PS操作分离器后飞机正常起飞。飞机起飞后10分钟左右，L1门处突然出现很大的噪音，以至于在两人距离很近的情况下都无法听清对方大声讲话，随之机上人员出现压耳等系列反应。乘务员感受到失压情况，报告机长。后经检查，L1门未关好，出现一条很大的缝隙，导致舱门不密封（如图2-4所示）。机长向塔台报告情况，飞机返航。

图2-4　飞机舱门

练习题

1. 在客舱内不能使用哪些种类电子类产品?
2. 从客舱安全角度解释乘务员称呼。
3. 飞机上有哪些安全演示的方法?

第三章
民用航空机组资源管理

本章提示：民用航空机组资源管理训练是航空界针对各类人员个人能力和团队配合，根据CCAR121.R2第429条"客舱乘务员的初始和转机型地面训练"的要求中a款Ⅲ项——机组资源管理训练而设置的。学习目的是理解机组资源管理的概念，了解它的发展，掌握团队沟通和合作方法，明确机组资源管理在航空安全方面的作用。

第一节　机组资源管理的演变和应用

最早出现在 20 世纪的机组资源管理 (Crew Resource Management，CRM) 概念，并不是一成不变的。它先是从驾驶舱资源管理 (Cockpit Resource Management) 发展为机组资源管理 (Crew Resource Management)，现在又提出了基于错误管理 (Error Management) 的 CRM 概念。在内容上也有变化，比如，最初的 CRM 内容主要是机长的管理方式，而到现在 CRM 的内容还包括机组的动力、交流的策略、处境意识等更为丰富的内容。在训练的形式上也由单纯的课堂练习发展成与飞行实际融为一体的各航空公司的训练形式。

一、机组资源管理的含义

机组资源管理是有效地利用所有可以利用的资源，以达到安全、高效和舒适飞行的目的的过程。是指充分有效、合理地利用一切可以利用的资源来达到安全有效飞行运行的目的。核心内容是权威、参与、决断、尊重，通过有效提高机组人员的沟通技巧，提倡团队合作精神、合理分派任务、正确做出决策来体现。

机组资源管理的研究对象包括软件（如文件资料管理等）、硬件（如飞机、设备等）、环境和人四个方面及其相互关系。

C——Crew(组)：意为飞行组、乘务组及地面、机务、航空交通管制等，扩展到整个公司。

R——Resource(资源)：人力资源、硬件资源、软件资源、易耗资源。

M——Management(管理)：协调地运用人—机—环境—任务中可能的一切资源达到目标。

CRM 训练基于社会心理学、认知心理学和组织管理心理学的原理以及对人的因素的研究。

二、机组资源管理中的资源

机组资源包括所有可利用的人、信息、设备和易耗品。他们可在驾驶舱内，也可以在驾驶舱之外。机组资源具有可变性，主要取决于机型和机型设备、机组搭配、运行环境和地理位置。

为有效管理好资源，飞行员必须首先知道这些资源的所在，熟悉哪些资源可以利用，以及资源的使用局限。只有这样，才能使机组的处境意识得提高，更好地保障飞行安全。

1. 人力资源 (Human Resources)

人力资源包括个人资源和机组机体资源，这些资源必须具备以下技能：航空技能、个体交流技能、术语化技能。

人力资源是存在于人体的经济资源，也称人类资源、劳动资源、劳动力资源。20世纪初期，美国心理学家威廉·詹姆斯曾指出，一个普通的人只运用了其能力的10%，还有90%的潜力。稍后，美国学者玛格丽特·米德在1964年出版的《人类潜在能力探索》一书中，估计人的能力只用了6%，还有94%的潜力。20世纪70年代开始，美国有100多名管理者提出"人是一种可以发展的资源"，"人，是一种能开发的，比其他任何资源都要重要的资源"。这种新观点现在已经风靡全世界。

机组资源管理以提高"机组"人员的工作能力和工作绩效为目标，包括飞行人员的专门飞行技能、术语化技能、个体交流和团体协作技能，广义上也包括乘务员的服务、交通管制员的指挥、机务人员维修、气象人员预报、飞机制造厂家的资料及对整个航空公司配置资源的开发利用。

2. 设备资源 (Equipment Resources)

设备资源包括通信设备、状态显示器、趋势预测指标仪、劳动保护服务装置。

设备资源指人机系统中的飞机与机载设备，也可称为硬件资源。当代飞机设计与飞行管理中，使用高新技术、采用自动化系统，使得飞机制造商们得以改善飞行员工作环境，驾驶舱发生了很大的变化，舱内大量的自动化装置改变了机组成员在飞行过程中的行为。设备资源是对人力资源的扩充，自动驾驶仪、自动着陆系统，使飞行更安全、更高效。

3. 信息资源 (Information Resources)

信息资源包括飞行手册、检查单、性能手册、飞行员操纵手册、民航条件、航图、机场使用细则、公司运行手册等。

信息本意是消息，研究信息的数量及发送、传递和接收的科学称为信息论。认知心理学、社会心理学、管理心理学都研究信息。现代人机系统中，操作者的体力负荷越来越少，而信息加工的要求和心理负荷越来越大。1973年，丹尼尔·卡恩曼(Daniel Kahneman)开始了对人的注意资源或容量概念的研究，认为作为信息加工主体的人类，存在着一组无差别的心理资源。营运信息是飞行员、乘务员、地面工作人员有效进行计划和做出决策所需要的信息来源，包括手册、检查单、管理手册、操作手册以及公司营运手册等。所有这些资料都应该随机携带以便在必要时查找。

4. 易耗资源 (Fugitive Resources)

易耗资源最重要的是燃油、个人精力和时间。易耗资源是指在飞行过程中的消耗品。由于这些资源非常昂贵，因此在每一次的飞行中所配给的数量是相当有限的。重要的易耗资源是燃油、航空食品、个人精力以及时间。航空油料是给飞行活动带来动力的易消耗品，是有形的资源，而人的精力和时间是一种无形的资源。如同飞机需要燃料一样，人体也需要能量来运转。足够的能量水平使人保持觉醒，并在生理上能够履行他们的职责。

5. 其他资源

略。

三、人为因素与航空安全

1. 人为因素的定义

人为因素 (Human Factors) 通常指与人有关的任何因素，是通过系统地应用人的科学，在系统工程框架中优化人与其活动的关系。

对航空安全事故影响最大的因素是人为因素。人是航空系统中最灵活、最具适应性和最有价值的部分，但其表现也是最易受到不利影响的。对 1990—1999 年近十年的事故调查结果表明，近 70% 的事故是由于人的表现不佳（人为差错）造成的，如图 3-1 所示。

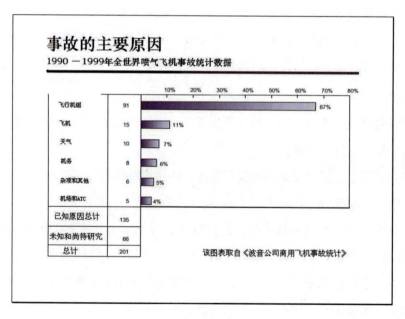

图 3-1 飞行事故统计数据表

人为因素问题在绝大多数航空器事故中被作为主要事故因素这个严酷的现实，唤醒了航空界人士对人为因素的重视。随着科技的发展，人为因素的内涵亦随之改变。只要飞行是在人的监控下进行的，人为因素的影响就不可能消失。

在过去40年间，人们将主要精力放在硬件上，注重提高硬件的可靠性。然而现在硬件已非常可靠，更多的时候航空事故是由于人为因素造成的，因此，人们现在不得不把关注的焦点转移到人为因素上来。影响航空安全的人为因素主要是指飞行人员、空中交通管制员以及航空维修人员等对航空安全造成的影响，这几类人员的影响占据了人为因素的绝大部分。

2. 飞机事故中人为因素与机械因素的对比

飞机事故中人为因素与机械因素的对比，如表3-1所示。

表3-1 飞行事故中人为因素与机械因素的对比

年 份	10万小时事故率	人为因素	机械因素
1950	33.2	40%	60%
1960	6.7	50%	50%
1970	3.0	60%	40%
1980	2.3	70%	30%
1990	1.6	80%	20%

四、人为因素概念模型

1. SHELL模式

人为因素SHELL模式，如图3-2所示。

图3-2 人为因素SHELL模式

S——Software(软件) H——Hardware(硬件)
E——Environment(环境) L——Live Ware[生命件（核心元素）]
L——Livewart, other Persons(生命件（其他人))

2. 模型中人为因素与其他元素的匹配关系

在SHELL模型中，其中心是人，是该系统最关键、最灵活的元素。但人的表现受多方面的影响，并且具有许多限制，现在对这方面的大多数因素能大体预测。该"积木"的边缘不是简单的直线，而是需要彼此磨合。因此，系统的其他元素必须仔细与其匹配，以免存在压力过大而出现系统完全崩溃的情况。

如果把软件看成是"人—硬件（飞机等）—环境"界面的润滑剂，那么可以把软件看成是安全系统工程中对失误和差错的管理工具之一。从"人—机—环境"工程的角度来看，要降低人为差错，必须考虑主体与目标的距离。科学研究表明：对于重复同一项工作，人犯错误的频率为 1/1000 ~ 1/100(次)，而航空安全的目标要求是 1/100 万 (次)。

练习题

1. 机组资源管理 C、R、M 的英文分别表示什么？
2. 请简述机组资源管理中的人力资源。
3. SHELL 模型中每个字母的含义分别是什么？
4. 请画出正确的 SHELL 模型。

第二节 机组资源管理中的沟通技巧

沟通在航班生产中最为常见，在特定的环境和有限的时间内，及时高效的沟通需要多方的共同努力，这包括空中与地面、空中与空中。结合正常与非正常情况下的团队协作，以及建立良好的沟通，可以在有限的资源下保证航空安全。

一、CRM 的四个关键词

CRM 有如下四个关键词。

(1) 职责 (Responsibility)：执行规章制度，履行职责。

(2) 参与 (Participation)：认真积极完成任务。

(3) 肯定的语气 (Affirm Mative)：语言准确、充满自信。

(4) 尊重 (Respect)：互相尊重。

二、沟通的形式

按照是否进行反馈，沟通可分为单向沟通和双向沟通。没有反馈的沟通是单向沟通，有反馈的沟通是双向沟通。

三、交流方法

交流是以达到某一目标为目的，而有动机地建立关系（"语言活动"）。交流由发出者和接收者之间的信息交换组成。

交流可能会使用以下一种或多种形式(也称为"通道")。

(1) 语言。

(2) 书写。

(3) 身体等。

对话是发出者和接收者之间对同一内容的一系列的交流。对话可认为是为实现共同的目标或概念而进行的积极的谈判。

四、沟通中的注意事项

沟通中要注意以下几个方面。

1. 影响交流的因素

影响交流的因素有语言、背景、性格、年龄、性别、教育、知识、经验、环境、身体语言、语气、表情、噪音等。其中,对于交流和沟通的影响,语言占20%,身体语言占70%,语气占10%。

2. 积极地听

积极地听能使沟通更有效、安全、高效,从而改善关系,提高判断力和保持协调。积极地听包括以下几个方面。

(1) 人们需要别人的理解,需要对别人倾诉。

(2) 积极地听是一种技巧。

(3) 在紧急情况下和危急时,积极地听是一种关键的技巧。

(4) 在正常情况下,积极地听能提高沟通的效果。

(5) 每一个高效率的领导应该知道如何积极地听取别人的意见。

积极地听的目的不仅仅是听别人讲话,而是彻底明白他们的意思。

3. 怎样去积极地听

(1) 回答技巧:重复说话人最后的话。

(2) 重申你的意见:再次明确你明白了对方的意思,给对方以信心。

4. 身体语言

(1) 手势:如伸手、握拳、拇指……

(2) 目光的接触:目光接触是有效地听的一种技巧。

练习题

1. 熟记 CRM 的四个关键词。
2. CRM 的关键词参与是以怎样的态度完成工作？
3. 人们在只能靠听来进行交流时，是否会感到困难？为什么？

第三节 差错与管理

在民航运行中所犯的差错，极大部分可能当即就被发现和纠正，原因一是自己可以发现差错，二是由机组同事、空管人员、机务人员等发现纠正。航空器工作人员从自己和他人的差错中吸取教训是非常关键的，发现了差错，就要从中吸取教训，对于差错进行管理，减少类似的差错再次发生。

一、墨菲定律

墨菲定律认为：" 凡事只要有可能出错，那就一定会出错"。人总是要犯错误的，而且根据墨菲定律，在做事中失误犯错也是一种正常现象。

通常人们认为，如果墨菲定律合理存在，那么，人作为主体，必定有这样的可能——即通过有效的资源配置和管理，人可以在最恰当的时机、以最恰当的方式预防和纠正人为错误。

导致人犯错误的原因很多，比如，生理、心理、环境等多种因素的综合作用会使我们在工作和生活中犯各种各样的错误。

在 CRM 中，将"错误"按不同标准分类，大致可以分为设计和操作错误、随机错误、系统错误、偶然错误、可逆性与不可逆性错误。

我们要预防操作错误、随意错误，通过 CRM 将某些不可逆性错误转换成可逆性错误。

二、差错管理

1. 原理

差错的产生是要具备一定条件的，只要打破其中一个条件，或用其他条件限制导致错误的条件，就可实现将不可逆性错误向可逆性错误的转变。

2. 差错的表现

1997 年，在哈尔滨的一次人为因素与飞行安全会议上，有专家曾提出疑问：我犯错误，错误在我吗？专家研究数据显示，在航班飞行中：

——驾驶舱中机组的差错占 68%。

——每次航班飞行员平均犯 2 个错误。

——一次航班中错误最多的达 14 个。

——自动化占 3%，检查单占 2%。

——大多数的错误 (40%) 和对飞行安全的威胁 (39%) 发生在下降、进近和着陆阶段。

——72% 的航班面临至少 1 个外部威胁，危及航班的飞行安全。

——恶劣天气和空中交通管制事件/错误在对航班的外部威胁中各占 34%，其次最常见的就是飞机故障，占 15%。

——大约 85% 的机组错误没有造成严重后果，这些错误不足以导致事故征候或事故。

在数学模型论中，如果 A=B，B=C，那么根据等代原理，则 A=C。令 A="我"，B="优秀的飞行员"，C="不会出差错"，可以推理出"我是优秀的飞行员，优秀的飞行员不会出差错"。那么结论是"我不会出差错"。这里忽略了行为特征的相似性。正确的行为特征应该是，令 C="也会犯错误，但能承认错误，并能改正错误"，推理结论是"我（虽然是优秀的飞行员，但我也）会犯错误，但我能承认错误"，并改正错误。同时，命题中还必须承认这样的假设是正确的，即：

——差错本身不会导致意外和灾难。

——而由差错引发的后果则会导致意外和灾难。

因此，"犯错误本身不是你的错（因为它是客观存在的，人人都会犯错误），但你没有对错误实施管理，避免错误引发的意外和灾难，这就是你的错了"。

3. 差错管理

差错管理理念认为：人类犯错误是普遍的和不可避免的，以及追求任何形式的完美都是缺乏依据的；通过有效的方法对错误实施管理，可以避免错误引发的不良后果。

差错管理的原则是：打破事故链中的其中任意一环，实现错误的可逆转换。

差错管理中考虑的要素必须包括主动性和时效性。

差错管理中对人员品质的评定标准分为以下六种。

(1) 优秀：能够及时发现差错并能立即改正。

(2) 良好：能够发现差错并能立即改正。

(3) 中上：能够发现差错并能适时改正。

(4) 中等：能够发现差错，并在不构成威胁的前提下得到改正。

(5) 中下：不能够自己发现错误，在别人的提醒和帮助下发现并改正差错。

(6) 不及格：不承认错误，不能发现和改正错误。

练习题

1. 在 CRM 中，按不同标准有哪些"错误"分类？
2. 差错管理的原则是什么？
3. 在差错管理中对人员品质分别有哪六种评定标准？

第四节　团队合作

学会与他人合作，发挥团队精神在航空安全中的运用，可以使我们收到事半功倍的效果，可以使工作更加良好地向前发展。

一、有效的团队合作

有效的团队合作包括以下几个方面。

1. 确立目标

(1) 通过相关信息共同决定完成任务。

(2) 提出解决问题的方法。

(3) 确立激励制度，发挥个人特长和小组的优势。

(4) 在小组中协调合作和进行良好的竞争。

(5) 获取每个人的信息，清楚每个人的优势和不足。

(6) 积累经验，帮助每个人或团队提高工作效率。

2. 解决冲突的方法

(1) 选择正确的时机，避免在开始和结束时发生冲突，避免与人员对立。选择合适的时间讨论问题。

(2) 不要认为一方是错的，而另一方是对的，要达成一致。

(3) 积极参与并鼓励别人积极参与。

(4) 尊重那些做出贡献的人。

(5) 不要攻击不同意见的人。

(6) 不要过早地提出成熟的意见，让别人充分发表自己的意见。

(7) 给每个人同等的表现机会。

3. 工作群体 (Work Troup) 与工作团队 (Work Team) 的区别

管理学理论指出：两个或两个以上相互作用和互相依赖的个体，为了实现某个特定目标而结合在一起，这种集合体称为工作群体。工作群体的绩效仅仅是每个群体成员个人奉献的总和。在工作群体中，不存在一种积极的协同作用，不能使群体的总体绩效水平大于个人绩效之和。

工作团队则不同，它通过其成员设立的共同目标进行共同努力，从而产生积极的协同作用。其团队成员努力的结果使团队的绩效水平远远大于个体成员绩效的总和。因此，致力于将机组从群体向团队升华的过程就是实现机组资源管理深化的过程，也就是实现 1+1＞2 的过程。图 3-3 明确表明了工作群体与工作团队的区别。

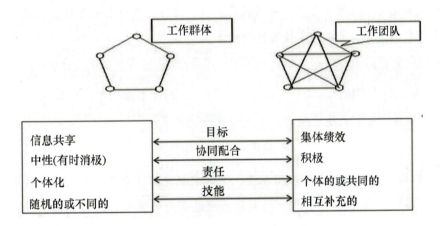

图 3-3 工作群体与工作团队对比图

二、海恩法则

海恩法则认为，任何不安全事故都是可以预防的。

海恩法则是德国飞机涡轮机的发明者——德国人帕布斯·海恩提出的一个在航空界关于飞行安全的法则。海恩法则指出，每一起严重事故的背后，必然有 29 次轻微事故和 300 起未遂先兆以及 1000 起事故隐患。

海恩法则强调两点：一是事故的发生是量的积累的结果；二是再好的技术，再完美的规章，在实际操作层面，也无法取代人自身的素质、责任心和团队合作。

虽然这一分析会随着飞行器的安全系数增加和飞行器的总量变化而发生变化，但它确实说明了飞行安全与事故隐患之间的必然联系。当然，这种联系不仅仅表现在飞行领域，在其他领域也同样起着潜在的作用。

按照海恩法则，当一件重大事故发生后，我们在处理事故本身的同时，还要及时对同类问题的"事故征兆"和"事故苗头"进行排查，以防止类似问题的重复发生，及时解决再次发生重大事故的隐患，把问题消灭在萌芽状态。

案例分享

案例1：厨房餐车位的一部饮料车冲出

2012年10月5日，B747-400P机型飞机执行CA1301航班。在广州起飞后，"系好安全带"灯熄灭，但飞机还没有完全平飞，在厨房工作的5号乘务员开始做供餐准备，突然厨房前部餐车位里的一部饮料车冲出，将乘务员撞伤。

在飞机未完全平飞的状态下，餐车应在车位固定好，乘务员对当时的环境缺乏正确的判断和安全意识，导致了饮料车撞伤事件的发生。

案例2：未携带乘务组护照

2013年1月，某航空公司执行天津—厦门—新加坡航班，带班乘务长出港未携带乘务组护照，到厦门办理出境手续时，才发现这一情况。

案例3：舱门漏气

2010年1月，某航班B737-800机型。乘客登机完毕，乘务长关闭舱门后飞机开始滑行、起飞。当飞机离开地面时，L1门突然出现非常大的噪音，失密现象明显。乘务长判断一定是舱门出现问题，考虑到此时正处在飞行关键阶段，乘务长使用内话机通报驾驶舱L1门异常情况，机组回答驾驶舱仪表已经显示L1门出现故障。

机长将情况报告地面后，决定飞机返航。事后公司有关部门对此事进行了调查，结果显示从门外看舱门有大约2厘米宽的缝隙。

练习题

1. 有效的团队合作需要确立哪些目标？
2. 叙述解决团队合作冲突的方法。
3. 解释工作群体与工作团队的区别。

第四章
民用航空客舱安全运输规则

本章提示：为了规范民用航空运输安全，保证旅客、地面及空中工作人员、公众和机场设施设备的安全，中国民用航空局根据《中华人民共和国民用航空安全保卫条例》，制定了《民用航空运输机场航空安全保卫规则》，目的是督促和指导实施《国家民用航空安全保卫规划》。本章重点介绍关于乘客乘机的安全条件、客舱安全标示、行李运输安全规则及乘客液体、酒精类及药物运输限制。

第一节　乘客乘机安全规定

保证航空安全，不但是航空公司、空管、机场、安检的责任，也是每一位乘机旅客为航空安全做一份贡献，为国家和自己的生命财产负起一份责任。

一、对孕妇的规定

孕妇（如图4-1所示）由于其特殊的身体状况，为保证其和胎儿的健康、安全，在乘机时有一些特别规定。

图4-1　孕妇

(1) 怀孕8个月(32周)或不足32周的孕妇乘机，可以按一般乘客运输。孕妇乘机需要带好围产期证明，证明自己孕期在32周以内（除医生诊断不适宜乘机外）。

(2) 怀孕超过8个月(32周)的孕妇乘机，应向航空公司提供"诊断证明书"。具体内容是乘客姓名、年龄；怀孕时期、旅行的航程和日期；是否适宜乘机；在机上是否需要提供其他特殊照顾等。"诊断证明书"应在乘客乘机前72小时内填好，并经县级（含）以上的医院盖章和该院医生签字方能生效，否则承运人有权不予承运。

(3) 对于有下列情况的孕妇，一般不予承运。

① 怀孕超过36周。

② 预产期在4周以内。

③ 预产期临近但无法确定准确日期，已知为多胎分娩或预计有分娩并发症者。

④ 产后不足7天者。

⑤ 有流产、早产先兆者。

二、对婴幼儿的规定

(1) 婴幼儿乘客,是指出生满 14 天到 2 周岁以下的婴儿,如图 4-2 所示。

图 4-2　婴儿

(2) 婴幼儿运输条件。

① 出生不满 14 天的婴儿和出生不满 90 天的早产儿,一般不予承运。

② 出生满 14 天至 2 周岁以下的婴幼儿,必须有成人陪伴。

③ 每位成人只能有一名怀抱婴儿。

(3) 购买婴幼儿客票的乘客应提供婴儿年龄的证件,如《出生医学证明》、户口本等。

(4) 婴幼儿的年龄指开始旅行时的实际年龄,如婴幼儿在开始旅行时未满规定的年龄,而在旅行途中超过规定的年龄,不另补收票价。

(5) 从确保航空安全的角度出发,每一个航班接收婴幼儿的最大数额应少于执行该航班飞机的总排数,而且,每相连的一排座位只能安排一位婴幼儿。

(6) 婴幼儿不单独占用座位,票价按适用成人普通票价的 10% 计收,按成人普通票价 10% 付费的婴儿无免费行李额,仅可免费携带一摇篮或可折叠式婴儿车。

(7) 每一位成人乘客只能带一名婴幼儿同行,如果乘客带一名以上的婴幼儿同行,超过限额的婴儿应按相应的儿童票价计收,可单独占一座位,并可享有所持客票等级规定的免费行李额。

三、对无成人陪伴儿童的规定

(1) 无成人陪伴儿童 (Unaccompanied Minors,UM) 是指年龄满 5～12 周岁的、没有成人带领、单独乘机的儿童,如图 4-3 所示。

图 4-3　无成人陪伴儿童

（2）无成人陪伴儿童在购票时必须向航空公司申请，由儿童的父母或监护人填写"无成人陪伴儿童乘机申请书"，售票人员根据乘客填写的无成人陪伴儿童运输申请书，为该乘客办理订座和售票，并建立记录文件。

（3）儿童父母或监护人应向航空公司提供在航班到达站安排的接送人姓名、联系地址、电话，售票人员向接送人核实后方可接受。

（4）地面服务人员必须在无成人陪伴儿童外衣上佩戴统一标志，把儿童送上飞机，向带班乘务长说明其目的地和接收的成人姓名。

（5）带班乘务长保管其资料，直到落地后移交给地面工作人员，并办理交接签字手续。

（6）航空公司仅接受不换机情况下的无成人陪伴儿童的运输。运输全航程包括两个或两个以上航段时，如中途经停站，不能允许无成人陪伴儿童离开飞机，除非有地面工作人员陪同或客舱乘务员陪同。

（7）航空公司从接收儿童起就要负全部责任，直到抵达目的地有成人来接为止。无成人陪伴儿童必须由儿童的父母或监护人陪送到上机地点并在儿童的下机地点安排人员迎接。

应该注意的是，由于承运人对无成人陪伴儿童负有责任并需提供特殊服务和照顾，对同一航班的其他乘客会有一定的影响，所以每一航班运送的无成人陪伴儿童数量应有一定的限制，而且不同机型对无成人陪伴儿童的数量也有相应限制。

练习题

1. 对孕妇乘机有哪些一般不予承运的条件？
2. 航空运输对婴幼儿乘客定义为多大年龄？
3. 航空公司对"无成人陪伴儿童"乘机有哪些具体要求和服务？

第二节　乘客携带液体、酒精类及药物运输限制

自2008年12月20日开始实施的《关于调整旅客随身携带液态物品和打火机火柴乘坐民航飞机管制措施的公告》，对旅客随身携带物品登机做出了新规定。

（1）乘坐国内航班，每人每次可随身携带总量不超过1升的液态物品，且须开瓶检查确认无疑后，方可携带。超出部分必须交运。酒类物品必须托运。其包装应符合民航运输的有关规定。

液体、凝胶及喷雾类物品包括饮品，例如矿泉水、饮料、汤及糖浆；乳霜、护肤液、护肤油、香水及化妆品；喷雾及压缩容器，例如剃须泡沫及香体喷雾；膏状物品，例如牙膏；隐形眼镜药水；凝胶，例如头发定型及沐浴用的凝胶产品；任何稠度相似的溶液及物品。

目前，我国只针对乘坐国际、地区航班旅客（含国际中转国际航班旅客）执行"ICAO指导原则"。

乘坐从中国境内机场始发的国际、地区航班，此类物品必须盛在容量不超过100毫升的容器内，并放在一个容量不超过1升、可重复封口的透明塑料袋中。每名旅客每次仅允许携带一个透明塑料袋，超出部分应交运。盛装液态物品的透明塑料袋要单独接受安全检查。

民航总局建议使用的塑料袋，是规格为20厘米×20厘米、容量为1升、可重新封口的透明塑料袋。

（2）旅客携带少量旅行自用的化妆品，每种化妆品限带一件，其容器容积不超过100毫升，并应置于独立袋内，接受开瓶检查。

（3）禁止随身携带并托运的物品包括枪支弹药、管制刀具、警械、易燃易爆物品（如打火机气、酒精、油漆、烟花爆竹）、腐蚀性物品、剧毒物品以及其他危险品。

刀具不可随身携带，必须托运。

(4) 可获得豁免的药物。

液体、凝胶及喷雾类药物（包括中药）如附有医生处方或医院证明，均可获得豁免，药物数量以旅客在飞机上所需为准。容器和塑料袋无要求。药物应另行交给安检人员，以便接受X光检查。安检人员会要求旅客出示医生证明书或医生处方。

旅客如患有糖尿病，可以携带足够的胰岛素制剂及带针头的皮下注射器在飞机上使用，但须出示医疗证明。糖尿病旅客如需携带个人的规定食物（例如无糖果汁）在飞机上食用，若容器的容量多于100毫升，须出示医疗证明方可携带。豁免的药物及食物应与其他手提行李分开，以便接受检查。

案例分享

 案例1：孕妇乘机，空中临产

2009年2月7日，由南京返回长沙的航班上一名29岁的孕妇突然空中临盆产子，飞机紧急备降。因抢救及时，母子均告平安。

2010年11月17日凌晨2点，怀孕近8个月的韩裔美国孕妇在客机升空8小时30分后，因腹痛向空姐求助，4名乘务员临时组成了"助产小组"帮助其接生。

2012年1月2日上午8点40分，已有9个月身孕的女性乘客冯玉在家人的陪伴下乘坐东航MU2652航班回老家待产。不料在飞行途中突然临产，机上乘务人员紧急处置：4名空姐为其接生，机长紧急呼叫地面，飞机紧急降落武汉天河国际机场。最后婴儿顺利降生，母子平安。

 案例2：临产前孕妇被劝放弃登机

2010年2月18日，一位怀孕38周的孕妇执意乘飞机出行，为避免胎儿出现意外，乘务长耐心规劝，这位准妈妈在航空公司工作人员的劝说下放弃登机，结果导致航班延误半小时。

 案例3：坐在轮椅上的老母亲

2013年4月26日上午，前往济南的李先生推着坐在轮椅上行走不便的老母亲来到广州白云国际机场，在国内A区11号安检通道口被地面人员拦住了。李先生因为是首次乘机，不清楚航空公司的相关规定，没有事先向航空公司申请携带轮椅并办理托运，还带了大包小包的行李就直接来到安检通道。

根据航空公司的规定，需要携带轮椅乘坐飞机的有病疾旅客或行动不方便的老年旅客，在购票时需向航空公司申请。旅客自己的轮椅在多数国内机场需换成航空公司专用轮椅(旅客的轮椅须在交运行李时，办理托运手续)；同时，进入隔离区须有航空公司专门人员陪同。

最后在安检员的耐心解释下，李先生十分合作地带着家人重新回到航空公司柜台办理轮椅的申报和托运手续。

练习题

1. 乘坐飞机时哪些是禁止随身携带同时禁止托运的物品？

2. 乘坐国际、地区、国内航班，液体、凝胶及喷雾类物品必须盛在容量不超过多少毫升的容器内？

3. 糖尿病旅客如需携带个人的规定食物（例如无糖果汁）在飞机上食用，若容器的容量多于多少毫升须出示医疗证明方可携带？

第五章
民用航空客舱安全职责

本章提示： 安全是民航赖以生存和发展的重要基础，客舱安全作为飞行安全的重要组成部分，对于民航的整体安全水平具有直接影响。在民航运输中，飞行安全与客舱安全是共同任务。履行客舱安全是责任机长、乘务长、乘务员的职责，客舱安全是客舱乘务员的第一要务。本章介绍机长、乘务长、乘务员、安全员的安全职责。

第一节　机长安全职责

一般来说，每个航班的机组包括两个小组：一个是工作在驾驶舱的飞行组，另一个是工作在客舱的乘务组。

飞行机组一般由机长（正驾驶）、副驾驶、观察员组成，如图5-1所示。

图5-1　飞行机组

一、机长的安全职责的内容

民用航空运输机长是依据中国民用航空规章取得航线运输驾驶员执照，并被航空运输企业聘为机长的飞行员。机长应当具有良好的职业道德品质、高度的负责精神、强烈的安全意识、牢固的章法观念、熟练的操作技能、精细的工作作风、严谨的组织纪律以及健康的体魄。

在飞行期间，机长对旅客、机组其他成员、货物和飞机的安全都要负全部责任。在任何情况下，机长都具有绝对指挥权。机长对飞机的运作拥有控制权和管理权，并有最后决定权，而所有机组成员都应当服从机长的指令。机长的安全职责包括以下方面。

(1) 在飞机舱门关闭状态下，对机上所有人员和/或货物的安全负责。从飞机以自身动力移动至停止并关闭发动机为止，对飞机的操作和安全负责。

(2) 在飞行期间，负责控制飞机，并对飞机的运行拥有完全的控制权和管理权。这种权利没有限制，可以超越机组其他成员及他们的职责，无论机长是否持有执行其他机组成员职责的有效证件。为保证飞机及机上人员安全和良好的客舱秩序，机长在其职权范围内发布的命令，机上所有的人员必须听从机长的指挥，服从机长命令。对于任何破坏飞机、扰乱飞机内秩序、危害飞机所载人员或者财产安全以及其他危及飞行安全的行为，在保证安全的前提下，有权决定有关人员或货物离开飞机。

（3）机长发现机组人员不适合执行飞行任务的，为保证飞行安全，有权提出调整。

（4）负责组织机组进行飞行前的预先和直接准备，与飞行签派员共同签字放行；并对飞机实施必要的检查；未经检查，不得起飞。机长发现飞机、机场、气象条件等不符合规定，不能保证飞行安全时，有权拒绝起飞。

（5）严格执行相关程序、检查单和操作手册中的要求，以及燃油量、氧气量、最低安全飞行高度、机场最低标准和备降场等规定；依据 MEL/CDL 确定飞机是否满足适航要求。

（6）确保载重平衡符合安全要求；检查技术记录本上所填写的故障处理情况和故障保留单，确认飞机的适航能力。

（7）向全体机组人员下达简令，可将部分职责授权给指定的机组人员和分配任务。当其离开驾驶舱时，应做出适当的指示并将飞机的控制权进行移交；返回时，应立即听取汇报并收回对飞机的控制权。履行职责，严格按操作规范驾驶飞机，严格按飞行计划飞行，并遵守其运行规范规定的限制和空中规则。建立监控导航性能、证实当前位置以及保持特殊 RNP 导航精度的职责分工和工作程序。

（8）应保证始终在有效的通讯频率上进行无线电通讯并与其他机组人员建立有效的联系。

（9）飞机发生事故，机长应直接或间接如实将事故情况及时报告空中交通管制部门。如有要求，向事发地当局报告。

（10）确保运行期间飞行数据记录器和语音记录器不被人为地关断；仅当事故或严重事故征候要求保存数据时，飞行机组在飞行后关断飞行数据记录器（FDR）和 / 或舱音记录器（CVR）。

（11）在需要立即决断和处置的紧急情况下，机长可以采取他认为在此种情况下为保证飞行安全应当采取的任何行动。在保证安全所需要的范围内偏离规定的运行程序及方法、天气标准和其他规定；但必须将飞行的进展情况及时准确地报告给相应的空中交通管制部门，当条件许可时尽快通报公司运行控制中心。在返回驻地后 24 小时内，向安全管理部门提交书面报告。如有要求，向事发地当局报告。

（12）飞机遇险时，机长指挥机组人员和飞机上其他人员采取一切必要抢救措施。在必须撤离遇险飞机的紧急情况下，应首先组织旅客安全撤离飞机，未经机长允许，机组人员不得擅自离开飞机，机长应当最后离开飞机。

(13) 机长收到船舶或者其他航空器的遇险信号，或者发现遇险的船舶、航空器及其人员，应当将遇险情况及时报告就近的空中交通管制单位并给予可能的合理援助。飞行中，机长因故不能履行职务的，由仅次于机长职务的驾驶员代理机长，在下一个经停地起飞前，公司或者承租人应当指派新机长接任。

(14) 飞行结束后，机长检查各种记录本、文件、报告是否填写正确，适时进行机组讲评。

二、机上指挥权的接替

(1) 机组成员的姓名和在飞行中所担当的职位，按规定写在每次航班的飞行任务书上，在需三名(含)以上飞机驾驶员的飞行中，除机长外，如另有一名符合机长要求的驾驶员可担任第二机长，可在巡航阶段或机长失能情况下替代机长工作。

(2) 在飞行期间，机长对飞机的运行拥有完全的控制权和管理权，这种权力没有限制。当机长由于身体或其他原因丧失指挥能力时，接替指挥、管理权的顺序是：第二机长、副驾驶、主任乘务长(乘务长)。

(3) 机上非安全事件汇报顺序是：客舱乘务员、主任乘务长(乘务长)、机长。

练习题

1. 民用航空运输机长是依据中国民用航空规章取得什么运输驾驶员执照，并被航空运输企业聘为机长的飞行员？

2. 机长是当班飞机的负责人，对当班飞行活动负责。请简述机长安全职责。

3. 在飞行途中，对扰乱航空器内秩序、危害飞机所载人员或者财产安全以及其他危及安全的行为，在保证安全的前提下，是谁有权决定有关人员或货物离开飞机？

第二节 乘务长安全职责

虽然机长的重要性毋庸置疑，但是乘务长在整个机组中也扮演着很重要的角色。乘务长在每次航班飞行中始终是隶属于机长领导的，以协助机长保证旅客、客舱、货物、飞机在正常和紧急情况下的安全。乘务长有权处理机上服务及客舱安全方面的各种事宜，包括检查地面准备工作，妥善处理好与相关部门的关系，负责机上乘客的安全等。如遇到特殊情况或紧急情况，乘务长要及时报告机长，并在机长的指示下，指挥乘务员充分利用机上的应急设备，保证旅客安全。

乘务组主要包括乘务长、头等舱乘务员、客舱乘务员、厨房乘务员。这些不同岗位上的工作人员，为旅客在万丈高空中创造了一座安全城墙和一次舒适、愉快的空中之旅，如图 5-2 所示。

图 5-2　乘务长与乘务员在一起

乘务长的职责包括以下几个方面。

(1) 在整个航班中，乘务长隶属机长领导，协助机长保证乘客、客舱、货舱在正常和应急情况下的安全。

(2) 乘务长是客舱安全的监督管理者。乘务长应对各种法律规定、规章制度有清楚的了解和掌握。

(3) 乘务长对客舱的掌控能力要强。乘务长的掌控能力包括灵活的处置能力、敏锐的观察力和对事物的预见能力。对乘务员所做的具体工作以及对客舱乘客有一个了解，保持清晰的思路；同时，掌握好客舱工作节奏，随机应变，遇到突发事件有条不紊、避轻就重，进行管理和指挥。

(4) 维护航空公司利益，有权处理机上服务及客舱安全方面的各种事宜。

(5) 飞行中遇有紧急情况及时报告机长，在机长的指挥下，指挥乘务员利用机上应急设备保证乘客安全。

(6) 紧急情况负责广播。

(7) 登机后，督促乘务员检查并落实客舱各区域应急设备处于待用状态。

1. 对旅客的安全和服务质量负责，同时也对乘务组的全程工作表现负责，在紧急情况负责广播的是谁？
2. 在航空公司的乘务员岗位，通常情况客舱乘务员的职业生涯是怎样划分的？
3. 叙述乘务长安全职责包括哪些内容？

第三节　客舱乘务员安全职责

保证客舱安全和提供优质服务是客舱乘务组的两项最重要的工作，看似简单，却包罗万象。要想做好这两项工作中的任何一项，都需要严格地遵守制度，认真地执行规章，负责任地对待工作。安全是基础，是前提。没有客舱安全，就没有客舱服务。在客舱中，乘务组共同肩负着维护客舱安全的责任。乘务长与乘务员的安全目标是统一的，但由于角色不同，导致了分工不同。

一、厨房乘务员的安全职责

厨房乘务员是一个重要的岗位，这个号位职责的乘务员对于服务设备和应急设备的检查以及正确的操作使用，关系到整个客舱服务的程序、节奏、安全和质量，如图5-3所示。

图5-3　厨房乘务员检查灭火瓶

厨房乘务员的安全职责包括以下六个方面。

(1) 检查落实本工作岗位的应急设备处于待用状态。

(2) 按照规定操作管理服务设备和应急设备。

(3) 负责机上配备给乘客的饮料、餐食的安全和质量。

(4) 遇有紧急情况及时报告乘务长,在机长/乘务长的领导下确保国家财产和客舱安全、乘客安全。

(5) 检查落实本工作区域飞机舱门是否完好。

(6) 在飞机起飞、下降时,对厨房设备及电源要进行安全检查。

二、客舱乘务员的安全职责

客舱乘务员集技术性、专业性、服务性于一身,既要有娴熟的专业技术,丰富的社会知识,思维敏捷,反应灵敏,还应具有较好的语言表达能力,遇事沉着,处理问题果断,如图5-4、图5-5所示。

客舱乘务员的安全职责包括以下六个方面。

(1) 检查落实本工作岗位的应急设备处于待用状态并能正确使用。

(2) 负责本工作区域的客舱安全检查及应急出口的安全检查。

(3) 遇有紧急情况及时报告乘务长,在机长/乘务长的指挥下确保国家财产和客舱安全、乘客安全。

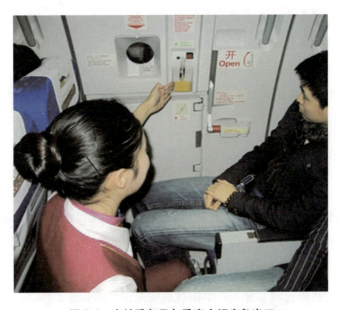

图5-4　客舱乘务员向乘客介绍应急出口

图 5-5　客舱乘务员介绍出口说明书

(4) 乘客登机后至飞机舱门关闭前，负责确认紧急出口的乘客是否符合要求，保证应急情况下的撤离。

(5) 检查落实本工作区域飞机舱门是否完好。

(6) 在飞机起飞、下降时，乘务员对客舱要进行安全检查。

 练习题

1. 简述在登机后厨房乘务员的安全职责。

2. 乘客登机后，客舱乘务员怎样确认紧急出口的乘客是否符合要求？

3. 在飞机起飞、下降时，乘务员对客舱要进行哪些安全检查？

4. 客舱乘务员负责确认紧急出口的乘客是否符合要求，保证应急情况下的撤离，在什么环节之前必须完成？

第四节　航空安全员安全职责

航空安全员肩负飞行安全职责，在执行航班任务中，配合机长、乘务组对旅客、客舱秩序、飞行安全负责，如图 5-6、图 5-7 所示。

航空安全员的安全职责包括以下方面。

(1) 航空安全员在机长的领导下，承担航班安全保卫的具体工作。

(2) 熟知应急设备的存放位置及使用方法。

图 5-6　客舱安全员航前清舱检查

图 5-7　犯罪嫌疑人被警方从飞机上押解下来

(3) 熟悉应急处置预案及非法干扰处置程序。

(4) 乘客登机前和离机后对客舱进行检查,防止无关人员及不明物品遗留在客舱中。

(5) 在飞行中,对受到威胁的航空器进行搜查,妥善处理发现的爆炸物、燃烧物和其他可疑物品。

(6) 制止与执行航班任务无关的人员进入驾驶舱。

(7) 了解本次航班情况,加强客舱巡视,密切注视机上动态,发现可疑情况立即报告机长，重点监视并及时采取措施。

(8) 处置劫机、炸机及其他非法干扰事件。

(9) 防范、制止扰乱航空器内程序的行为。

(10) 协助做好押解犯罪嫌疑人在航空器上的监管工作。

(11) 协助上级警卫部门做好警卫对象和重要乘客乘坐民航班机、专机的安全保卫工作。

(12) 兼职安全员在执行航班任务时如出现需要履行航空安全员职责的情况时，应即时履行航空安全员的责任，在确保空防安全的前提下方可履行乘务员职责。

(13) 执行上级交给的其他安全保卫任务。

案例分享

案例1：着陆时机上人员受伤

2007年某航班在落地前，飞机遇有严重颠簸，在着陆时飞机连续跳跃数次，并伴有严重的左右摇摆，个别行李箱开启，造成多名旅客和一名乘务员头部、腰部、颈部受伤。

【分析】

当收到机组关于落地城市地面大风的通知后，飞行机组应及时通知主任乘务长。乘务长应在落地前组织乘务员实施严格的客舱安全检查。飞机在接地后，仍有人员受伤，表明客舱安全检查没有完全到位。

乘务员必须做好落地前的各项安全检查，特别要注意空座位上不得安放行李，对旅客行李箱要重新进行安全确认；此外，乘务员自身的安全也必须引起注意。

案例2：行李风波

一个炎热的夏天，在航班延误等待了六个小时之久后的乘客们陆续登机，此时，一位女士一边拖着沉重的箱子、一边打着电话站在客舱通道内，同时，要求乘务员为其安放行李。乘务员见行李较沉，请乘客一同安放，并随口说道："航空公司也没有要求乘务员必须为乘客安放行李。"

在整个航程服务中，这位女士一直在看该乘务员的服务牌，表现出十分不满的情绪。但是，乘务员丝毫没有留意乘客的感受，不以为然地指着服务牌说："这是我的名字。"乘客惊讶于乘务员的态度与行为，将其投诉至公司。

【分析】

和能成事，敬能安人。当问题发生时，在态度上一定要讲究"和、敬"两个字。当观察到乘客不满时，乘务员应忍耐，先同乘客说对不起；同时，保持微笑的表情和尊敬的态度，积极地为乘客解决问题。

乘务员和乘客之间是一种互动沟通。"镜子原理"说明了乘客与服务人员的互动关系，你对镜子笑，镜中人就会笑；你对镜子哭，镜中人就会哭；你伸手打人，镜中人也打人。双方争执不下，只会加重恶化事态。如果表现得非常理性、礼让有加，乘客就会平心静气，事态也会发生转变。

案例3：航班飞行收到威胁信息

2012年9月2日，深圳航空有限责任公司（Shenzhen Airlines Ltd.，简称"深航"）从襄樊飞往深圳的ZH9706航班起飞后收到威胁信息，为确保安全，该机于23时22分就近备降武汉天河机场。

飞机落地后，经过全面排查，并未发现爆炸物。嫌疑人熊毅拨打深圳机场客服电话，威胁称在刚起飞的ZH9706航班上放置了爆炸物，45分钟后将引爆飞机。

当日凌晨，在天河机场，犯罪嫌疑人熊毅被警方从飞机上押解下来。

《中华人民共和国民用航空法》第193条规定："违反本法规定，隐匿携带炸药、雷管或者其他危险品乘坐民用航空器，或者以非危险品品名托运危险品，尚未造成严重后果的，依照《刑法》第163条的规定追究刑事责任；造成严重后果的，依照《刑法》第130条的规定追究刑事责任。"

第195条规定："故意在使用中的民用航空器上放置危险品或者唆使他人放置危险品，足以毁坏该民用航空器，危及飞行安全，尚未造成严重后果的，依照《刑法》第116条的规定追究刑事责任；造成严重后果的，依照《刑法》第119条的规定追究刑事责任。"

练习题

1. 航空安全员防止无关人员及不明物品遗留在客舱中，在什么时候对客舱进行检查？
2. 协助做好押解犯罪嫌疑人在航空器上的监管工作的安全员需要做哪些工作？

第六章
民用航空客舱乘务员安全运行规范

本章提示：客舱乘务员安全运行规范按四个工作阶段划分。通过学习，了解客舱乘务员安全运行规范在不同阶段对于客舱乘务员的安全要求和行为规范，掌握相关的安全运行标准。

第一节　预先准备阶段

乘务员飞行前按照航空安全和优质服务的规范，做好执行航班任务准备，包括饮食、起居、个人必备装备、衣物等。起飞前在规定的时间内到航班调度室在电脑上确认，参加由乘务长组织的航前乘务组准备会，如图6-1所示。

图 6-1　航前准备会

一、饮用含酒精饮料和使用药物的执勤限制

飞行安全无小事，严格的酒精测试既是对机长、飞行机组、客舱乘务组成员负责，更是对整个航班乘客的生命负责。在航前准备会上，经常会有相关部门负责人拿着酒精测试仪器对机组成员进行抽查测试，如图6-2所示。

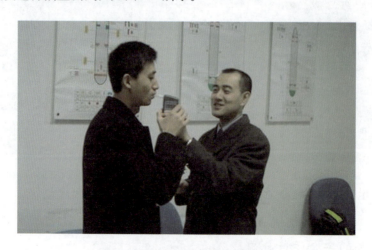

图 6-2　航前准备会测试酒精含量

1. 酒精类饮料

(1) 任何机组人员在计划飞行的 8 小时内，不得饮用含酒精的饮料，受酒精的影响或体内酒精浓度达 0.04 以上时，不得上岗执勤或继续留在岗位上。

机组人员酒精浓度达 0.04 或以上时，任何人不得允许其上岗执勤或继续留在岗位上。

(2) 在执勤过程中，不得饮用含酒精的饮料。

(3) 机组人员在执勤过程中饮用含酒精的饮料时，任何人不得允许该人员继续留在岗位上。

2. 药物

(1) 任何机组人员不得使用或携带大麻、可卡因、鸦片、天使粉或安非他明等禁用药物。

(2) 机组人员不得使用影响执行任务能力的药物，因许多常用药物会影响飞行能力，因此，应该询问医生所开的所有药物是否会有这些作用。

(3) 任何人不得安排明知使用或携带上述禁用药物的人员上岗值勤或继续留在岗位上。

二、组织航前准备会

乘务员航前准备会是拉开执行航班任务的序幕。作为乘务员，必要的航班信息和职责会在准备会上获得，带班乘务长则在这一时间以多种形式或自述，或提问，或互动，对航班工作要点、安全任务进行分工布置。航前准备会的主要内容有以下几个方面。

(1) 个人必备的装备 (走时准确的手表、处于良好状态的手电及现行有效证件)。

(2) 近期空防、安全形势，掌握所飞航班的各种相关业务知识，包括机型、旅客情况，等等。

(3) 职责分工，掌握所负责区域的应急设备和应急处置方法。

(4) 制定空防预案，对客舱安全工作提出要求。

练习题

1. 任何机组人员在计划飞行的多少小时内，不得饮用含酒精的饮料？

2. 机组人员不得使用或携带哪些禁用药物？

3. 乘务员执行航班任务需要装备哪些个人必备的物品？

第二节　直接准备阶段

在航班中随时可能遇到突发性特殊情况，如航班延误，发动机停止，起落架卡阻，座舱失密，无线电失效等。一旦遭遇紧急情况，应该做到地面和机组有效沟通协调，机组和乘务组有效沟通协调，乘务组和旅客有效沟通协调，调节好自身的情绪，随机应变，有力、妥善地处置特情，要有变通性、创造性，能在短时间内建立立体思维。

在直接准备阶段，乘务组应做好以下工作。

1. 空防预案和安全服务的沟通与协调

上机后，乘务长应主动与机长、空警或安全员进行空防预案和安全服务的协调和沟通。

2. 检查舱门门栏绳

乘务员登机后，应确认处于开启状态的（除与舱门对接的服务设施外）舱门门拦绳已挂好。

3. 检查应急设备

登机后，根据各自的职责，对照《应急设备检查单》检查核实应急设备的存放位置，确认处于待用状态，并向乘务长报告检查情况，如图6-3所示。

图6-3　检查核实应急设备

根据《应急设备检查单》，应对以下设备进行检查。

(1) 急救箱/应急医疗箱（铅封完好）。

(2) 灭火瓶（海伦灭火瓶压力表正常，水灭火瓶铅封完好）。

(3) 氧气瓶（压力表正常）。

(4) 厕所烟雾探测器／厕所灭火系统（电源指示正常）。

(5) 手电筒（指示灯亮）。

(6) 安全演示用具包（齐全及在规定位置）。

(7)《安全须知卡》《出口座位须知卡》（在规定位置）。

(8) 救生衣（在规定位置）。

(9) 出口门状况（正常）。

(10) 麦克风（铅封完好）。

(11) 防烟面罩（包装盒完好）。

(12) 广播／内话系统（正常）。

(13) 客舱灯光测试。

(14) 应急灯测试（连续 2～3 次应急灯不亮，不能运行）。

(15) 座椅安全带（摆放整齐）。

(16) 婴幼儿安全带、加长安全带（数量满足及在规定位置）。

(17) 应急撤离报警系统测试。

4. 检查客舱设备

乘务组须对客舱设备进行以下检查。

(1) 乘务长必须查看《客舱记录本》的填写记录。

(2) 乘务长应检查机载《飞行乘务员手册》配备情况。

(3) 乘务员检查所负责区域的客舱、厨房设备情况。

(4) 餐车必须放在规定的位置并固定好。

(5) 厨房和卫生间必须备有完好清洁的垃圾箱。

(6) 报告客舱设备故障。

5. 航前清舱检查

飞机起航前，乘务组须对客舱进行以下检查。

(1) 所有地面工作人员离机以后，乘客登机前，乘务长指挥乘务员对客舱进行清舱检查。

(2) 检查中发现任何可疑物品时，不要随意触动，及时报告乘务长、机长。

(3) 航班过站停留期间，乘务员注意以下情况。

① 不下机的旅客和行李通常不需要进行再检查，但航空安全员和乘务员应在下一航

段的起飞前对厨房、洗手间等位置进行安全检查。

② 特殊许可的登机人员必须出示证件后，方可登机。

③ 航班过站停留期间，机舱内的所有箱、柜门应保持关闭。

④ 航班过站停留期间，由乘务长指派乘务员对客舱进行安全监控。

(4) 厨房乘务员检查餐食情况，发现有不能开启的容器或餐具，及时报告乘务长。

6. 客舱安全检查后报告程序

(1) 乘务员向乘务长报告以下情况。

① 应急设备、客舱设备的检查情况。

② 餐食、机供品的安全检查情况。

③ 各区域清舱情况，无外来人、外来物。

④ 机门设备及滑梯状态。

(2) 乘务长向机长报告以下情况。

① 应急设备检查和客舱准备情况。

② 报告旅客人数。

③ 航班中突发事件和特殊情况。

7. 旅客登机前

乘务组在旅客登机前，应确认以下事项。

(1) 确认乘务员已登机。

(2) 客舱安全检查和服务准备工作已完成，调亮客舱灯光。

(3) 经济舱供旅客存放物品的行李箱全部打开。

(4) 机组成员的行李、飞行包等已放在储藏间里。

(5) 乘务长报告机长，以获得旅客登机的许可。

(6) 乘务长通告地面工作人员，允许旅客登机。

练习题

1. 乘务长上机后应主动与哪些人员进行协调和沟通？其内容包括哪些方面？

2. 乘务员登机后，应确认处于开启状态的（除与舱门对接的服务设施外）舱门挂好什么设备？

3. 各区域乘务员上机后必须检查哪些应急设备？

第三节 飞行实施阶段

一、旅客登机时

乘务组在旅客登记时,应注意安排、协调好以下各方面的工作。

1. 引导旅客入座,协助旅客摆放行李物品

(1) 注意观察登机旅客的情况,发现有异常情况的旅客及时报告客舱乘务长。

(2) 如果旅客的手提行李超出规格,通告地面值班人员办理托运。

(3) 旅客随身携带的物品只能置于旅客前排座位之下或行李箱内。

(4) 每个放置于座位下面的行李应当受行李挡杆的限制,每个靠过道的座椅下的行李应当置于侧行李挡杆内。

(5) 旅客行李安放稳妥,关上行李箱并扣好。

旅客除可携带符合标准的一件手提行李登机外,可随身携带小件的物品,如照相机、雨伞、笔记本电脑、婴儿及儿童类用品、拐杖等。

2. 客舱服务用品的储藏

(1) 所有的食品/供应品都应放置在规定的区域里。

(2) 食品配备人员负责将乘务员整理出的废弃物品卸下飞机。

(3) 烤箱、行李箱、衣帽间和旅客座椅下部不得用来存放餐饮用具、设备和其他客舱供应品。

3. 交运个人折叠式轮椅

(1) 折叠式轮椅应办理行李交运。

(2) 乘务长与机长联系通知地面为旅客提供下机时的轮椅。

4. 安放手杖或拐杖

(1) 手杖放置的许可位置如下。

① 纵向沿机身舱壁,放于非靠应急出口的窗口座位下。

② 如果手杖平放在地面,放在任何两个非应急出口(窗口)座位下面。

③ 由一排相连的几个座椅下面,以不伸越旅客通道为限。

④ 在一个许可的储藏空间内。

(2) 拐杖放置的许可位置如下。

① 纵向沿机身舱壁，放于非应急出口的窗口座位下。

② 在一个许可的储藏空间内。

5. 存放婴儿车

(1) 伞式婴儿车可以带上飞机，挂在封闭式衣帽间内。

(2) 折叠式婴儿车必须交运。

6. 使用婴儿摇篮

(1) 客舱乘务员要向带婴儿的旅客介绍，为确保应急撤离时过道不受阻碍，飞机在滑行、起飞、下降、"系好安全带"灯亮时禁止使用婴儿摇篮。

(2) 飞机平飞后，客舱乘务员协助旅客挂好摇篮，并检查摇篮插销是否固定。

(3) 飞机落地前15分钟，"系好安全带"灯亮时，收回摇篮放回原处。

(4) 婴儿重量不能超出摇篮的承载限制要求（婴儿摇篮的尺寸为90厘米×30厘米，如果孩子身高超过此标准，不适宜使用婴儿摇篮）。

7. 额外占座行李

(1) 一般情况下，航空公司不允许在飞机客舱内装载行李。

(2) 行李需占座时，旅客必须在定座时提出并经航空公司同意，占座行李要有带座位号码的登机牌。

(3) 占座行李的高度不允许超过客舱窗口的高度及不得遮挡任何旅客告示和出口标志。

(4) 占座行李不能利用应急出口座位，不能妨碍和阻塞任何应急出口和客舱通道。

8. 使用担架免责规定

(1) 担架旅客应安置在客舱后部。

(2) 被运送的担架旅客及护送人员要在规定的合同上签字，保证执行在可能发生的应急撤离中，担架旅客和障碍性旅客不能先于其他旅客。如在上述情况中发生意外事件，航空公司均不负责。

9. 使用出口座位的程序

(1) 出口座位的定义。

出口座位是指旅客从该座位可以不绕过障碍物直接到达出口的座位（窗口出口前的座位不能倾斜）。

(2) 出口座位的确认。

① 客舱乘务员确认出口座位处的旅客。

② 在机门关闭之前，客舱乘务员必须对坐在应急出口座位的旅客所承担的协助者义

务进行确认。

③ 飞机移动前，客舱乘务员对坐在出口座位上不愿承担协助义务的旅客，向客舱乘务长报告并做相应座位的调整。

④ 乘务长向机长报告出口座位旅客的确认情况。

(3) 不能安排在出口座位的旅客如下。

① 两臂、双手和两腿缺乏足够的运动功能、体力或灵活性。

② 向上、向下和向两侧达不到应急出口位置和应急撤离滑梯操纵机构。

③ 不能握住并推、拉、转动或不能操作应急出口操纵机构。

④ 不能推、撞、拉应急出口舱门操纵机构或不能打开应急出口。

⑤ 不能将相似于翼上应急出口门尺寸和重量的东西提起并放于附近的座椅上。

⑥ 不能搬动其尺寸、重量与机翼上方出口门相似的障碍物。

⑦ 当移动障碍物时不能保持平衡。

⑧ 不能迅速地到达应急出口。

⑨ 不能迅速走出应急出口。

⑩ 应急撤离滑梯展开后不能使其稳定。

⑪ 不能帮助其他人使用应急滑梯撤离。

⑫ 缺乏阅读和理解航空公司用文字或图表形成提供的有关应急撤离标示的能力。

⑬ 缺乏理解机组口头指令的能力。

⑭ 年龄不足 15 岁。

⑮ 缺乏良好的语言表达能力或口头转达信息的能力。

⑯ 缺乏足够的听觉和视觉能力。

⑰ 需要照料婴幼儿的旅客。

⑱ 该旅客操作应急设备时可能会使其本人受到伤害。

(4) 障碍性旅客应尽可能地靠近出口座位附近就座。

(5) 确认坐在出口座位的旅客，须能够完成以下工作。

① 确定应急出口的位置和应急出口的开启机构。

② 理解操作应急出口操作指令。

③ 操作应急出口。

④ 评估打开应急出口是否会增加对暴露旅客带来的伤害。

⑤ 遵循机组成员给予的口头指令或手势。

⑥ 移动或固定应急出口门（以防阻碍使用该出口）。

⑦ 操作滑梯，评估滑梯状况，撤离滑梯展开后应保持其稳定。协助他人从滑梯撤离。

⑧ 迅速地通过应急出口。

⑨ 评估、选择并沿着安全路线撤离飞机。

(6) 旅客座位更换。

① 旅客应遵守关于出口处座位的限制，如果旅客不能或自己不愿承担出口座位的相关义务，应当立即将该旅客重新安排在非出口座位就座。

② 如果非出口座位已满员，应当将一位愿意并符合出口座位条件的旅客调至出口座位。

③ 出口座位旅客要求更换座位时，乘务员不得要求该旅客讲明理由。

④ 如果没有符合标准的旅客愿意被换至出口座位，本次航班即被认为过满，要求非出口座位的旅客将被拒绝登机，并给予适当的拒绝登机补偿。

⑤ 如果飞机已处于滑行中，应将此情况报告机长，机长决定是否返回登机口，飞机必须完全停稳后才能更换旅客座位。

二、机门关闭前

关闭机门前，乘务组完成下列工作。

(1) 机组人员齐全。

(2) 确认所有文件已到齐，与地面值班人员核实旅客人数。

(3) 应急出口处的旅客已确认，使其明确义务。

(4) 确认客舱所有行李都已安放好，所有旅客都已坐下后报告机长客舱准备情况，在得到允许之后，方可关门。

三、机门关闭后

机门关闭后，乘务组完成下列工作。

(1) 乘务长通过客舱广播系统下达"各门乘务员滑梯预位，并做交叉检查"的指令。

(2) 各区域负责舱门乘务员依照乘务长的指令操作滑梯预位，并相互检查。

(3) 各负责舱门乘务员在"滑梯预位"相互检查后，通过内话机按由前门至后门顺序报告乘务长"滑梯预位并互检完毕"口令。

(4) 广播员对客舱广播关闭电子设备，乘务员检查确认所有旅客的便携式电子设备已关闭。

(5) 乘务长报告机长"舱门滑梯预位"情况。

案例分享

案例：乘客强行打开飞机应急出口（如图 6-4 所示）

2015 年 1 月 10 日，东航云南公司 MU2036 航班发生延误，有乘客违规打开飞机上的三个应急出口，造成飞机未能准时起飞，警方介入调查。

MU2036 航班由达卡出发经停昆明到达北京，于 2015 年 1 月 9 日 21 时 20 分落地昆明长水国际机场。由于机场雪雨天气原因，至 1 月 10 日 0 时才开放登机。凌晨 1 时，153 名旅客登机结束后，飞机一直排队等待除冰，至凌晨 3 时 45 分 MU2036 开始机身除冰工作，因除冰需要，飞机内空调关闭了约 30 分钟。由于飞机内空气不流通，机上有一位年长女性身体不适，此时机上大部分旅客都比较关注该名旅客的身体状况，要求机长出面解释。航班的副机长出面解释，但其回答无法让旅客满意，致使旅客情绪激动，与机组发生争执。

滑行过程中，机上旅客突然打开了飞机左翼的一扇安全门和右翼的两扇安全门，飞机驾驶舱应急出口灯突然亮起，机组滑回登机口。

开门的乘客涉嫌违反了《中华人民共和国民航安全保卫条例》。打开紧急出口属于擅自移动救生物品和设备，违反了条例第 25 条的规定，这一行为扰乱了公共秩序、侵犯了航空公司的财产权利，是具有社会危害性的。根据《中华人民共和国刑法》的规定，如果构成犯罪的，应当依法追究刑事责任；不构成犯罪的，由公安机关依照《中华人民共和国治安管理处罚法》给予警告、罚款或者行政拘留。

图 6-4　飞机应急出口被打开

四、禁烟规定

1983 年，中国民航局颁布规定，在国内航线旅客班机上禁止吸烟。

鉴于吸烟的危害性被越来越多的人认识，国际民航组织 153 个成员国的代表于 1992

年 10 月 8 日在加拿大的蒙特利尔开会，通过了一项关于飞机上吸烟问题的决议，规定各国航空公司必须在 1996 年 7 月 1 日以前禁止旅客在国际航班上吸烟。

1993 年 6 月，中国民用航空总局（现中国民用航空局）决定，从当年 7 月 1 日起，中国国际航线旅客班机上逐步实行禁烟，以保护旅客身体健康。根据规定，航空公司已在所有航线上实行禁烟（包括电子烟斗）。

五、便携式电子设备的禁用和限制

(1) 从飞机关闭舱门时刻起，至结束飞行打开舱门时刻止，机上人员不得开启和使用与飞机正常飞行无关的主动发射无线电信号的便携式电子设备。这些电子设备包括：

① 移动电话（包括具有飞行模式的移动电话）。

② 对讲机。

③ 遥控玩具。

④ 其他带遥控装置的电子设备。

⑤ 局方或航空公司认为干扰飞机安全运行的其他无线电发射装置。

(2) 当飞机在滑行、起飞、爬高、进近、着陆等飞行关键阶段，禁止使用的设备有：便携式计算机（电脑）、DVD 播放机、电子游戏机、收音机、视频录放机等影响飞行安全的便携式电子设备。

(3) 机上使用便携式电子设备的处置程序。

① 关闭机门后，乘务员向旅客广播禁止使用电子设备，检查旅客便携式电子设备处于关闭状态。

② 在飞行期间，当机长发现存在电子设备干扰并怀疑该干扰来自客舱时，乘务员立即广播并要求旅客关闭便携式电子设备。

③ 遇有旅客不听劝告，干扰了机组通信，主任乘务长/乘务长应填写"机上紧急事件报告单"，上报公司航空安全监察部门。

六、旅客安全告示

旅客安全告示包括以下几方面。

(1) 当"系好安全带"信号亮时，每位旅客应当系好安全带。

(2) 在飞机上禁止吸烟，另外，旅客还应遵守以下规定：

① 不得在洗手间内吸烟。

② 不得摆弄、损害或毁坏飞机洗手间内的烟雾探测器。

(3) 在各机型飞机上装备了与机型相符的旅客告示和标牌,并配备与机型相符的带有图示的"安全须知"卡、"出口座位须知"卡。图卡、图表和词语使用国际认同的符号描述识别和操作方法。

七、安全演示

1. 用录像设备向旅客介绍乘机须知和应急设备使用方法

具体内容如下：

(1) 安全带的操作。

(2) 应急出口的位置。

(3) 氧气面罩的使用。

(4) 禁止吸烟。

(5) 收直椅背,扣紧餐桌。

(6) 旅客"安全须知"卡。

(7) 滑梯的使用。

(8) 应急撤离路线指示灯。

(9) 延伸跨水飞行或距最近的海岸线超过93公里的飞行,需介绍救生设备、救生船(筏)和其他漂浮物品的位置及操作方法。

2. 客舱乘务员向旅客进行安全演示

3. "安全须知"卡的存放位置

(1) "安全须知"卡放置于旅客座椅前方的口袋里。

(2) "出口座位须知"卡放置于出口座位前的口袋里。

4. "安全须知"卡提供下列信息

(1) 系好安全带及解开安全带的说明。

(2) 应急撤离通道及路线指示灯。

(3) 插图描绘出口手柄移动的方向。

(4) 应急撤离滑梯的使用方法。

(5) 安全姿势。

(6) 氧气面罩的位置及使用方法。

(7) 救生衣的使用及表明不得在客舱内充气(但儿童除外)。

(8) 救生船的位置,使用前的准备工作,救生船的充气和下水,表示下水位置。

(9) 座椅漂浮垫的位置和使用方法。

(10) 禁止摆弄、损害或毁坏飞机洗手间内烟雾探测器。

(11) 禁止吸烟。

(12) 起飞和着陆时，座椅靠背收直，小桌板扣好。

(13) 应急出口及过道禁止摆放行李。

(14) 禁止电子设备的使用。

5. 为障碍性旅客做安全介绍

(1) "安全须知"卡介绍。

(2) 应急出口和备用出口。

(3) 氧气面罩的使用。

(4) 安全带的使用。

(5) 救生衣的位置和使用。

6. 为无人陪伴的未成年旅客和需要帮助的旅客单独进行"安全须知"卡介绍

八、系安全带规定

(1) 在下列情况下，检查或广播通知旅客系好安全带。

① 滑行、起飞和着陆前。

② "系好安全带"信号灯亮时。

③ 遇有颠簸。

④ 夜间飞行。

⑤ 遇有劫机。

⑥ 紧急下降。

(2) 在起飞前和着陆过程中，或空中"系好安全带"信号灯亮时，除了在完成保障有关飞机和机上人员安全的任务外，乘务员应当坐在值勤位置上，并系好安全带和肩带，以便在应急撤离时，最有效地疏散旅客。

(3) 乘务员在进行客舱安全检查时，应确认空座位上的安全带是在锁定位置（包括乘务员座席的肩带和安全带）。

(4) 机上遇有腰围较大的旅客，应提供加长安全带。

(5) 机上遇有带婴幼儿的旅客，应提供婴幼儿安全带。

九、机门再次开启

机门再次开启时，应执行如下程序。

(1) 乘务长报告机长，以取得机长许可（或在机长的直接指令下进行）。

(2) 乘务长使用机舱广播系统通知所有区域乘务员解除滑梯预位。

(3) 相对应门互检。

(4) 开启机门前必须2人监控操作。

(5) 再次关闭机门时，执行机门关闭程序。

十、飞机推出至起飞前

(1) 完成滑梯预位，广播员进行安全广播，与此同时，乘务员进行客舱安全检查，检查项目包括：

① 旅客系好安全带、调直椅背、收起脚垫、扣好小桌板。

② 关闭所有电器设备。

③ 关闭行李箱，拉开遮光板，所有门帘拉开、扣紧。

④ 应急出口和走廊过道及机门的近旁没有堆放物品。

⑤ 儿童系好安全带，婴幼儿由成人抱好并系好婴幼儿安全带。

⑥ 扣好所有空座椅上的安全带。

⑦ 关断厨房电源，固定好厨房设备及机供品。

(2) 安全广播结束后，播放《安全须知》录像或乘务员安全演示，在完成演示后，再进行客舱安全检查。

(3) 洗手间无人使用。

(4) 确认电视屏幕归位、固定。

(5) 调暗客舱灯光。

(6) 乘务员听到起飞铃声，应当回到乘务员值勤位置系好安全带和肩带。

(7) 回想应急准备措施。

① 应急设备的位置和使用方法。

② 出口位置和操作步骤。

③ 防冲击姿势。

④ 撤离程序。

(8) 如客舱突发危急情况，乘务长应迅速通告驾驶舱。

十一、飞行中

乘务员按照服务程序进行工作，并且随时巡视客舱，保证安全，如图 6-5 所示。

(1) 在系好安全带灯熄灭时，广播通知旅客全程系好安全带。

(2) 乘务员全程监控驾驶舱门、客舱、洗手间、应急出口的安全。

(3) 餐车服务或置放时，及时使用刹车固定装置。

(4) 正确操作机上设备，防止事故隐患。

(5) 发生紧急情况，听从机长指令并依照应急程序进行处置。

(6) 及时关闭、锁住行李箱、储物柜等门。

图 6-5　乘务员巡视客舱

十二、飞行关键阶段

所有包括地面滑行、起飞、着陆及低于 10 000 英尺（3000 米）时的飞行为飞行关键阶段。在此阶段，乘务员不得有以下行为：

(1) 乘务员不得在飞行的关键阶段做与飞机安全运行以外的任何其他工作。

(2) 在飞行关键阶段，乘务员不得进入驾驶舱或与驾驶舱进行联络。

十三、颠簸

发生颠簸时，乘务组应完成下列工作。

(1) 颠簸时，"系好安全带"指示灯亮后，广播通知旅客系好安全带。

(2) 颠簸程度由机长确定并通知客舱乘务长。

(3) 轻微颠簸时，可继续进行服务，但不要提供热饮料，防止烫伤旅客。

(4) 中度颠簸时，立即停止服务，收好餐车、水车。

(5) 严重颠簸时，立即停止服务，原地踩刹餐车，乘务员就近入座系上安全带。

十四、对飞行机组的服务的相关规定

1. 机组食品

(1) 食品中毒会影响飞行机组的工作能力，进而影响飞行安全。为机组供餐的乘务员应保证供给机长和其他机组成员的食品是完全不同的。

(2) 剩余的餐食，不能再次冷却后重复加热供应。

(3) 为了飞行组的安全，同一机组配备同一种餐食时，机长和其他机组成员的进餐时间需相隔一小时。

2. 客舱乘务员对飞行机组的服务

(1) 飞机起飞且"系好安全带"信号灯关闭后，为驾驶舱供应饮料时，不得越过中央仪表板。禁止将茶壶放在驾驶舱内。不宜使用易溅出饮料的玻璃杯、塑料杯和不能盖牢壶盖的热饮壶。

(2) 在进入驾驶舱前，须按联络信号联系。

(3) 所有送入驾驶舱的物品，用完之后应及时收回。

(4) 在驾驶舱内与机组人员对话前，乘务员应注意观察不要影响其工作。

十五、为旅客提供含酒精饮料的限制和规则

(1) 旅客在飞机上除了饮用机上配备的含酒精饮料外，不得饮用其他含酒精饮料。

(2) 不得允许已经喝醉的人进入任何飞机。

(3) 所有酒精饮料必须在到达目的地之前铅封。

十六、挥发性液体

挥发性液体如被点燃，可能会导致飞机结构受损或系统失效及人员伤亡。如机上发现挥发性液体，应遵循下列处置程序。

(1) 乘务员立即收缴并妥善保管。

(2) 禁止吸烟。

(3) 保持驾驶舱门关闭。

(4) 最大限度地增大驾驶舱和客舱的空气流量，以减轻浓度。

(5) 尽可能降低客舱温度，以减少挥发性液体的挥发并减小火警的可能性。

(6) 通知所有机组成员准备灭火器，以控制潜在的火警。如火警已经发生，按灭火程序实施灭火。

十七、着陆前

着陆前，乘务员应执行下列客舱安全检查。

(1) 确认所有便携式电子设备已关闭。

(2) 确认旅客系好安全带。

(3) 确认儿童系好安全带，婴儿由成人抱好并系好婴儿安全带。

(4) 拆下婴儿摇篮并收存好。

(5) 手提行李存放妥当，行李箱、储物柜门锁闭。

(6) 走廊、应急出口无障碍物。

(7) 收起小桌板，调直座椅靠背。

(8) 旅客座椅上无食品、饮料和餐具。

(9) 收好、扣紧门帘。

(10) 拉开遮光板。

(11) 关闭厨房电源。

(12) 固定厨房所有物品。

(13) 电视屏幕归位固定。

(14) 洗手间无人占用，盖上马桶盖，关闭厕所门。

(15) 调暗客舱灯光。

(16) 客舱安全检查后，乘务长、乘务员应回到值勤位置系好安全带和肩带。

十八、到达

飞机到达后，乘务组应完成下列工作。

(1) 飞机到达停机位，"系好安全带"指示灯熄灭后，乘务长通过客舱广播系统下达"乘务员解除滑梯预位，并做交叉检查"指令。

(2) 各区域负责乘务员依照乘务长指令解除滑梯预位，并相互检查。

(3) 各区域乘务员依照乘务长指令，通过内话系统按由前门至后门顺序报告乘务长"解除滑梯预位并互检完毕"情况。

(4) 乘务长报告机长解除滑梯预位情况。

(5) 打开客舱灯光。

(6) 得到地面人员的开门许可后，两人监控开启舱门。确认客梯/桥停稳后，方可让旅客下机。

十九、旅客下机后

旅客下机后，乘务组应完成下列工作：

(1) 检查客舱、洗手间有无滞留旅客。

(2) 检查客舱有无旅客遗留物品。

(3) 关闭除照明以外的一切电源。

(4) 完成一切交接工作。

二十、飞机应急撤离的能力

飞机应具有以下应急撤离的能力。

(1) 在飞机上有旅客的所有时间内，航空公司将保证当飞机在地面上移动之前，至少有一个地板高度出口，可供旅客在正常或应急情况下撤出飞机。

(2) 载有旅客的航空公司飞机在地面移动、起飞或着陆时，飞机上每个自动展开应急撤离辅助设备应做好撤离准备。

二十一、飞机加油

飞机加油时，应注意以下事项。

(1) 飞机加油旅客不需下机时，驾驶舱应通知乘务组。

(2) "禁止吸烟"信号灯亮。

(3) 乘务长广播通知旅客在原位就座，解开安全带。

(4) 最少前后各打开一个连接登机桥或旅客梯的门。

(5) 如果没有登机桥或客梯，舱门处一定要有乘务员值班，滑梯展开区附近没有障碍物。

(6) 保证厨房设备已固定好，客舱通道无障碍物。

(7) 如果出现任何可能构成潜在威胁的情况，客舱乘务长有责任通知驾驶舱停止加油，直到恢复安全为止。

练习题

1. 旅客登机时乘务员引导入座，协助摆放行李物品，如果手提行李超出规格，由谁办理托运？

2. 旅客随身携带的物品在飞机上必须放置在什么区域？

3. 广播员进行安全广播，与此同时乘务员进行客舱安全检查，检查项目包括哪些方面？请列举说明。

第四节　航后讲评阶段

航后讲评是运行安全管理的最后反馈环节。各航空公司在正常航班结束之后，要求整个机组及乘务组进行讲评，建立了完善的航后讲评协作机制。讲评协作并不简单局限于发生了不正常事件的航班后，而是一种日常运行的常态机制。许多航空公司相继建立了类似的航后讲评制度，更有一些航空公司将航后讲评写进了公司运行的检查单里。有数据表明，这个制度有效地减少了运行中人为的差错、航班延误，降低了整体运行成本，提高了个人乃至整个团队的工作效率。

一、应急医疗事件报告

1. 应急医疗事件

应急医疗事件包括下列情况。

(1) 使用了机上应急医疗箱。

(2) 由于人员伤病造成的飞机改航备降。

(3) 机上人员的死亡。

2. 应急医疗事件记录保存

机上应急医疗事件记录需保存 24 个月，这些记录应当说明使用应急医疗箱的情况、使用人和该次应急医疗事件的结果。

乘务长将应急医疗事件填写《机上紧急事件报告单》，上报公司相关部门。

二、机上紧急事件报告

1. 机上紧急事件

机上紧急事件包括下列情况。

(1) 特殊声响或事件。

(2) 飞机失事、劫机。

2. 报告的内容

对机上紧急事件，应以书面形式报告给本单位业务主管部门，包括以下几个方面：

(1) 喝醉酒的旅客。

(2) 干扰客舱秩序的旅客。

(3) 威胁、炸机、劫机。

(4) 违反吸烟规定且不听劝阻。

(5) 应急撤离。

(6) 释压。

(7) 滑梯展开。

(8) 旅客伤亡。

3. 报告的形式

(1) 乘务长应及时上报《机上紧急事件报告单》标本如下所示。报告单上一定要有机长、乘务长签名。

机上紧急事件报告单

航班号		日期		飞机号	
出发站			到达站		
用"√"示选适当的项目					
	□中毒	□受伤		□烫伤	□死亡
□不遵守安全规定					
□非法干扰					
	□威胁劫机/损坏机载设备			□吸烟	
□拒绝服从机组指令					
	□紧急撤离			□烟雾/火警	
	□释压			□滑梯展开	
乘客姓名	座号	电话	邮政编码	联系地址	
乘客姓名	座号	电话	邮政编码	联系地址	
事件起因:					
事件经过:					
结论及机组措施:					
见证乘客姓名	座号	电话	邮政编码	联系地址	

航班号		日期		飞机号	
	出发站		到达站		

证词：

见证乘务员姓名	电话	邮政编码	联系地址	

证词：

主任乘务长姓名		单 位	

主任乘务长签名：

机长姓名		单 位	

机长签名：

四联分送：
第一联交运行管理部，第二联交机长，第三联交乘务长/主任乘务长保留，第四联交本单位客舱服务部

注：此表格应详细填写并在事件发生后24小时内上报

	机上急救情况		（撕下交机长/辅助医务人员）	
	航班号	日期		飞机号
	出发站		到达站	

乘客姓名	乘客联系地址		

年 龄	性 别	体 重	国 籍

用药：		血压：
病史：		脉搏：
过敏史：		瞳孔：

（近24小时内）进水/进食情况：

私人医生	电话号码
联系诊所医生（有/无）	机上医生（有/无）
使用医用药箱（有/无）	请示航管部门（有/无）
请其他医务人员帮助（有/无）	使用急救箱（有/无）

注：此表格应详细填写并在事件发生后24小时内上报

(2) 特别注意事件发生的时间、地点、旅客姓名和地址，目击者姓名和地址，乘务员和旅客受伤情况，报告一定要包括全体机组人员的姓名。

(3) 报告要准确完整，避免有损任何人的评论。

此记录应保存24个月，并在每个日历年结束后30天内将全年的应急医疗事件汇总，上报局方。

案例分享

 案例1：未确认应急出口座位乘客的后果

2007年的某天清晨，B737飞机执行CA101航班，这是某航空公司一天中最早的一班国际航线。乘务组按照各号位的站位分散在客舱，准备迎接旅客的到来。

旅客结队踏上飞机，走进客舱，在乘务员引导下陆续对号就座。一位聋哑旅客入座后，客舱乘务员未及时发现问题，没有对应急窗口旅客进行确认。突然客舱出现了嘈杂声、呼叫声。原来应急窗口已经被打开。当乘务员闻声赶到时，一切都已经发生。询问旅客后，才发现打开应急窗口的是这位聋哑旅客。

 案例2：开启行李箱，奶粉桶滑落

2009年12月，某航班普通舱乘务员在巡视客舱时，看到一位抱小孩的旅客，手里有一件大衣，周围环境摆放着玩具、食品，为了帮助旅客，她迅速开启行李箱准备安放大衣。突然一个桶状奶粉的物品从此行李箱一个松开的塑料袋中滑落，砸在旅客的鼻梁处，鲜血从旅客鼻孔内流出。

 案例3：滑梯操作未落实程序

2010年11月，CA130釜山—北京航班，飞机落地并在停机位停稳之后，带班乘务长按照规定，下达分离器操作口令，6号乘务长却仍在后厨房忙于对机上免税品小卖部车进行铅封。此时，8号乘务员看到负责L3门的6号乘务长正在厨房忙碌，就擅自对L3门进行了代操作，结果误将B767飞机的舱门手柄当作分离器操作手柄实施操作，导致L3门滑梯充气。

 练习题

1. 机上应急医疗事件包括哪些情况？
2. 机上应急医疗事件记录应保存多少个月？
3. 机上紧急事件报告包括什么内容？
4. 乘务长上报的《机上紧急事件报告单》一定要有谁的签名？

第七章
民用航空客舱乘客安全管理

本章提示： 安全是乘客对航空运输的第一需求。由于旅客并不具备完全的航空安全知识，在飞行中一些乘客可能会有不安全行为，甚至触犯法规，造成事故，如乘客醉酒、随意更换座位、滑行期间开启行李架等。通过本章学习，可以了解客舱安全的多种因素，创造安全的客舱环境；引导乘客安全乘机，传递安全观念，提高乘客的安全意识。

第一节　醉酒乘客处置程序

为了保证整个航程的飞行安全，任何显示醉态或在麻醉品作用影响下的乘客将被航空公司严格禁止登机。如果一旦出现醉态或在麻醉品作用影响下的旅客制造骚乱，直接影响机组成员工作的，必须尽快通知飞机到达站机场公安部门，对该名乘客采取相应的管控措施。

对于醉酒乘客，在飞行的不同阶段，可采取不同的应对措施。

1. 登机时

如果有乘客在登机时显示醉态或在麻醉品作用影响下，干扰了机组成员工作或危及乘客与机组的安全，必须通知地面代办（地面服务员）人员和机长；地面代办人员或机长必须协作并把握事态，且采取任何认为是必要的措施，包括劝其下机。

2. 滑行时

飞机推出后开始滑行时，如果有显示醉态或在麻醉品作用之下的乘客，乘务员应立即通知机长，并由机长决定是否滑回停机坪劝其离机；如机长决定飞机返回停机位，通知机场地面工作人员处理该旅客的离机及以后事宜。需开门时，执行舱门再次开启程序。

3. 起飞后

飞机起飞后，发现有显示醉态或在麻醉品作用之下的乘客，应立即通知乘务组成员，严禁为该乘客提供含有酒精的饮料，并且用礼貌和坚决的态度处理此事。为了防止该乘客有过激的语言或行为，机上保卫员应主动配合主任乘务长/乘务长做好防预措施，防止意外事件的发生，做好全程记录，采集好证据并报告机长。

4. 到达后

飞机到达目的地后，主任乘务长/乘务长应向有关部门和公安人员讲明该乘客的情况。主任乘务长/乘务长及时填写《机上紧急事件报告单》并报请机长签字，然后向公司有关部门汇报，及时将《机上紧急事件报告单》递交给客舱部保存。

在飞行中，对下列乘客不能供给任何含酒精饮料。

(1) 表现为醉酒状态的人。

(2) 正在护送别人或被别人护送的人。

(3) 未成年人。

(4) 护送机密文件的人员。

(5) 在飞机上持有致命性或危险性武器的人。

(6) 动物管理者(指客货两用飞机专门押运动物的人员)。

练习题

1. 为了保证整个航程的飞行安全，航空公司将怎样处置任何显示醉态或在麻醉品作用影响下的乘客？

2. 登机时，如果有乘客在登机时显示醉态或在麻醉品作用影响下，干扰了机组成员的工作或危及乘客与机组的安全，必须通知哪些相关人员？

3. 飞机起飞后，发现有显示醉态或在麻醉品作用之下的乘客，应立即通知全体乘务组成员，严禁为该乘客提供哪种饮料？

4. 发现有显示醉态或在麻醉品作用之下的乘客，在飞机起飞后，应立即通知哪些成员用礼貌和坚决的态度处理此事？

第二节　拒绝运输的旅客

航空公司为了安全，属于下列情形之一时，有权拒绝接受运输乘客及其行李。

(1) 违反国家的有关法律、政策规定，禁止运输的危险品、违禁物品者。

(2) 旅客的行为、年龄、精神或身体状况不适合航空旅行，可能对他人及飞行安全造成危险或危害者。

(3) 不遵守承运人规定者。

(4) 拒绝接受机场安全检查者。

(5) 出示无效客票者。

(6) 客票与本人证件不符合者。

(7) 未能出示有效证件者(机票、身份证、护照、港澳台地区通行证)。

(8) 起飞前，发现上述任何一条违反规定者，报告机长与地面工作人员联系劝其下机，如果拒绝下机，将按非法侵入，由公安部门强制带下飞机处理。

(9) 如果在飞行中，出现上述任何一条违反规定者，航班结束后，主任乘务长/乘务长应及时填写《机上紧急事件报告单》递交给客舱部。

> **练习题**

1. 举例说明哪些乘客不符合乘机要求将被航空公司拒绝运输。
2. 如果在飞行中出现违反安全规定的乘客，航班结束后，主任乘务长/乘务长应如何处理？

第三节　无签证过境旅客

一、无签证过境

过境签证是公民取得前往国家（地区）的入境签证后，搭乘交通工具时，途经第三国家（地区）的签证。无签证过境(Transit Without Visa，TWOV)即过境时无签证。

对于过境是否需办签证，不同的国家规定不同。有的国家规定，旅客搭乘交通工具通过其国境时，停留不超过24小时或一定期限的，均免办过境签证（一般不允许出国际机场）。也有的国家规定，不论停留时间长短或是否出机场，一律须办过境签证。过境签证同入出境签证一样，都有有效期限和停留期限的规定。

无签证过境不是犯罪，属于签证不符合入境签证规定的乘客。有些外籍乘客到中国入境的时候，临时发现证件有问题，如护照过期，护照页数有缺失，护照内容有涂改，中国签证过期，无中国签证等。以上这些情况多是乘客无意为之，例如一个法国人，因为他的每页纸上都贴满了签证，所以他把其中一个过期的中国签证撕下来，贴在了新发的签证本上，这样就属于涂改护照。对无签证过境的乘客，在工作中一般不再称之为遣返乘客，而称原籍、原路、退运乘客。

二、承运人交接责任

对于无签证过境人员，承运人负有以下交接责任：
(1) 航班离港前，由承运人负责接收和转运无签证过境人员。
(2) 原路退回无签证乘客的相关资料，由机上保卫员/乘务长负责保管。
(3) 飞机落地后，乘务长负责向当地移民局转交相关资料和办理交接手续。

三、签证分类

签证有以下几种类型。

1. 过境签证

过境签证指的是公民取得前往(国家)地区的入境签证后,搭乘交通工具时,途经第三国家(地区)的签证。

2. 旅游签证

旅游签证一般是为了方便游客、开发旅游资源而设立的一种快速办理签证方式,一般来说,有效期和停留期都较短,且只能用来从事与旅游相关的活动。

练习题

1. 简述无签证过境常出现的情况有哪些。
2. 对于无签证过境乘客,承运人有哪些交接责任?
3. 签证有哪两大分类?

第四节　偷渡、遣返乘客

偷渡是指偷越国(边)境,是指自然人违反出入国(边)境管理法规,在越过国界线或者通过法律上的拟制国界时,不从指定口岸通行,不经过边防检查,或者未经出境、入境许可,可追究其行政责任或者刑事责任的行为。偷越国(边)境是违法行为。

一、偷渡乘客

(1) 乘客凭伪造的假证件、假护照、假签证出境。为了偷渡成功,多数隐藏在飞机分隔舱内,如厕所、衣帽间、机组休息室、行李箱内或其他可以储藏的空间。

(2) 在空中一旦发现偷渡者,应立即报告乘务长,由乘务长报告机长,采取相应管控措施。

(3) 如在飞机离港前发现有偷渡者,请机场公安人员将其带下飞机。

例如,曾经有一位伊拉克人,拿着一本瑞典护照,转机中国。这种乘客多数是有意为之。

二、遣返乘客

(1) 遣返乘客是指公安部通告黑名单的乘客。这种乘客在入境时,被边防警察在黑名单上查到,就立即被遣返。

(2) 出境的乘客如果由于使用假护照、假签证或私自毁掉个人所有证件以致无法确认其真实身份，被边防检查发现后，立即遣返原出发地点。

三、对偷渡、遣返乘客的处置

(1) 地面工作人员把装有该遣返乘客国籍及到达目的地的文件袋交给乘务长或机上安全员保管。乘务长将被遣返人员情况、被遣返原因、携带物品等传达给全体乘务员。

(2) 已经办理接收手续但飞机未起飞前，如果该遣返人员有自杀性过激和反抗行为、可能危及飞行安全的，经机长同意可以不予接收。

(3) 对被遣返人员，在飞行中不得提供任何酒精饮料，供餐时不得提供具有伤害性的餐具。

(4) 不能安排在靠近驾驶舱或紧急出口处的座位。

(5) 飞机降落前，机长与到达站地面联系，将被遣返人员信息通知地面有关单位。

(6) 有关被遣返人员的文件袋，在飞机着陆后，必须第一时间交给机场边防检查站官员，并将被遣返乘客交给地面有关人员。

案例分享

✈ 案例 1：成功拦截偷渡客

2009 年 10 月 13 日，中国东方航空股份有限公司上海保障部浦东客运部外航部收到了来自荷兰皇家航空公司(KLM Royal Dutch Airlines)上海站站长哈利(Harry)先生热情洋溢的表扬信，内容是感谢代理小组的值班主任李女士协助拦截"帮助索马里旅客偷渡至欧洲的蛇头"。

2009 年 10 月 6 日，KL894 候机楼内值机柜台刚开放不久，队伍中就出现了四位非洲籍旅客，其中两人排在公务舱队伍中，另两位排在经济舱队伍中，四人装扮统一，男士西装笔挺，女士穿着民族长袍，都拎着一个很小的拉杆箱。由于 KLM 航班上很少出现非洲籍旅客，而且行李又那么少，这些符合偷渡嫌疑旅客的特征立即引起了当班值班主任李女士的注意，她通知柜台员工密切关注。

旅客在柜台办理手续时，李女士也跟到了柜台，在检查其肯尼亚护照的过程中，发现了几个疑点：第一，旅客在前一天刚刚从广州入境；第二，旅客持上海始发的单程机票；第三，很少的行李。其中一名旅客 Gabow 旅行经历丰富，且有一张 KLM 的银卡，而另三位旅客显示都是第一次旅行。这些疑似偷渡的信息让李女士警觉起来，开始与旅客交谈，在询问过程中，始终只有 Gabow 在回答问题，而其他三名旅客均表现出不自然的神情。

在简单交流后，李女士确认这些旅客有问题，她立即与当班 KLM 商务反映了这一情况，商务了解后最终决定拒载旅客。荷兰移民局之前已经阻止了部分试图非法入境荷兰的外籍旅客，正为无法识别他们的国籍而苦恼，这次上海站提供的相关信息为他们破案提供了有力线索，最终他们得以识别旅客身份并着手准备将旅客遣返原国。而持有肯尼亚护照的旅客Gabow涉嫌协助索马里公民从中国非法进入欧洲，该旅客已经进入荷兰使馆的黑名单。肯尼亚已经开始着手调查Gabow如何得到那些试图非法偷渡者的护照和意大利签证。

在东航代理的KLM航班上，外籍偷渡旅客比较少见，外籍旅客通常是回自己国家，转机不需要签证就可以放行。正是这一点使中国成为偷渡欧美的中转站。而对于值班主任来说，其敏锐的观察力、清晰的判断力来自于在多年代理欧洲航班中积攒下来的宝贵经验。

案例2：偷渡未遂

某日，北京T2航站楼登机口乘客登机完毕，值机人员送来舱单，告诉乘务长：乘客已经到齐，人数175人，边防放行，可以关门。乘务长看着舱单，上面清楚地写着人数175人，但是乘务组数的是177人。"奇怪呀！"乘务长不放心，为了安全起见要求乘务组重新清点，反复清点了两遍，依然是177人，于是乘务长将此情况报告机长。

乘务员与地面人员决定逐排逐个检查乘客登机牌，结果发现有两名女乘客拿的是其他日期的登机牌，当乘务员向她们索要机票和护照时，她们却说没有，乘务员立刻通知边防检查站人员，将这两位"乘客"带下飞机，随后其他乘客也全部下机重新清舱。

事件发生后，机场边防公安人员顺藤摸瓜，一举破获一个通过机场内部人员进行偷渡的犯罪团伙，同时，这件事说明了乘务员对工作认真的态度。

案例3：他从哪儿来

这天，北京首都机场接到一个电话通知，有一名被遣返的乘客今天将要从巴黎回到北京。飞机在北京落地后，机场边防局、航空公司地面值班领导同时出现在登机门口，按照程序，乘务员首先把遣返乘客交给边防局处理，然后再与地面工作人员办理交接手续。

没想到，该乘客在边防局待了三天，没有说一个字，边防人员无法了解该乘客来自何方。因为在他身上没有任何证件和信息可以证明他的身份和国籍。到了第四天，这位绷不住的乘客终于开口说话了，说出了他的真实姓名和国籍。航空公司马上与该国驻中国大使馆联系，确认是否是该国公民。在大使馆的协助下，终于搞清楚这位名叫"神圣"的乘客是来自孟加拉国的偷渡者。为了偷渡成功，他在飞机上把自己所有的证件全部毁掉，认为落地后被移民局拘留几天就可以当难民长期留下。

案例4：被英国方面遣送回来的偷渡者

2005年某日清晨，伦敦飞往北京的LXR3212航班降落在首都机场，约30名特殊乘客被边防检查站的车接走，他们是被英国方面遣送回来的偷渡者。

清晨6时许，一架空中客车330飞机落到停机坪，约30人从机舱内走出，这些人多为 30 多岁的男子，其中女性不超过 10 人。他们每人只带着简单的行李，神情憔悴、沮丧，下飞机时没人说话，大都低着头，默默地走上停在机场内边检站的车内。

从偷渡客数量上来说，这应该是比较大的一次遣返偷渡客事件，按规定，要把偷渡客遣送回各自的地区。

练习题

1. 简述偷渡或遣返乘客的类型。
2. 机上如果有遣返乘客，乘务员应如何安置？
3. 对偷渡、遣返乘客有哪些处置方法？

第五节 要求冷藏物品

有些乘客刚一登机，便要求乘务员帮助保管、冷藏其随身携带物品，这包括乘客旅途中需用的药品、注射剂、特殊食品、婴儿奶制品等。对这类物品，航空公司一般不主动提供安排冷藏，而是由乘客自行保管。

1. 要求冷藏药品

一旦出现乘客提出申请，要求乘务员协助冷藏药品，乘务员一定要认真检查药品是否有气味散出、包装密封是否完好等。确认无误后，将其放置于一个清洁袋中，再套上装有干冰或冰块的塑料袋内扎紧，放置于厨房冷藏箱或冰柜中，注意要严格与机上食品加以区分。

2. 要求冷藏食品

如果乘客要求冷藏的食品是开封的，气味过重，可向旅客提供装有冰块的清洁袋或塑料袋，由乘客自行保管。

如果是密封完好的食品，可视情况将其冷藏于厨房冷藏箱或冰柜中。

练习题

1. 乘务员为乘客提供冷藏药品的方法有哪些？
2. 航空公司对于为乘客冷藏药品有哪些规定？

第六节　更换座位

每个旅客在飞行过程中或多或少地都参与或者被动参与过换座位的情况。在登机之前，很多旅客习惯在手机上把飞机座位先选好，这时有人会发现，除了已经被其他旅客选定的座位，还有些座位是没法选的。那么哪些座位可以选择，哪些不可以呢？

其中，不能分配的座位包含以下几类：已预留座位、已分配座位、不可用座位、转港保护/旅客座位、收费座位、针对特殊旅客的特殊座位。排除不可以使用的座位外，在可以使用的座位类型中按照优先级进行选取。

常见不可随意更换座位类型如下。

(1) 收费座位：付费预选座位，超级经济舱。

(2) 紧急出口座位：需在15周岁以上，65周岁以下。

(3) 特殊旅客婴儿：需安排在上方具有两个氧气面罩的座位上。

综上，飞机起飞后旅客想要调换座位，请求是否能得到满足，最终决定权在于机组，要听从安排。

不能随意换座位在航空飞行中还涉及另一个课题：配载平衡。

一架飞机的安全正常飞行，往往需要牵涉许多岗位工作人员的辛勤工作，其中航班配载员就是对每架航班上的乘客和货物进行科学配置的专业人员。配载员的任务是使飞机的重心保持在安全范围，并使飞机空间得以最大程度利用。

一架飞机上除了要坐人，还要装货；和人有座位一样，货也要分舱位摆放。人该怎么安排，货该怎么放，如何通过科学的安排保证飞机的重心保持在中间安全范围，是配载员最重要的任务，而这个任务就是通过配载员画出一张张配载平衡图实现的。

装载平衡表，又叫舱单，不同型号的飞机有不同类型的舱单。舱单是全英文的，共有20多个数据要填写，如飞机号、航班号、油量、货物量、最后算出来的重心数据；20多个数字没有一个不重要，没有一个可以出错。

每一架飞机起飞前，都会配有一张相应的装载平衡表。航班配载员需要提前100分钟调出货物和机票的数据，进行预配，之后再根据情况调整舱单。比如A320机型共有4个货舱，其中1号为前舱，3、4、5号为后舱，这个机型没有2舱。前舱要多配点货，不然重心偏后，飞机飞不起来；1、4号舱距离舱门近，要留出空间放行李，等等。飞机起飞10分钟前，必须把舱单数据交给机长。这个数据一定要与航班最后的数据完全一致，否则会导致飞机重心偏移，造成严重事故。

这就是为什么航空公司要求旅客提前 45 分钟就办理登机手续。由于配载员已经将飞机的重心以及配重情况都计算好了，旅客上机的时候，乘务员会提醒大家按登机牌上的座位坐下，机上广播也会提醒旅客不要随意走动，这是因为旅客如果随意改变位置将可能影响飞机的平衡，后果不堪设想。假如后舱旅客随意离开座位集体涌向前舱，导致飞机失去平衡，机头重量增加，若机长无法拉起飞机，就会像自由落体那样坠落，造成无法弥补的灾难。

练习题

1. 为什么航空公司要求乘客对号入座？
2. 在什么情况下乘客可以更换座位？
3. 个别乘客需要调整座位时，需要经过谁的同意，平飞后才可更换座位？

第七节 特殊／限制性乘客

从民航运输服务和安全管理的需要出发，航空公司对乘坐飞机的乘客进行了划分。乘客的不同身份包括：一般乘客、要客、机要员、外交信使、保密乘客及限制性乘客。其中，按行为能力划分为限制性乘客的有：孕妇、婴儿、有成人／无成人陪伴儿童、盲人、聋哑人、残疾人、醉酒乘客、遣返乘客、额外占座乘客、自理行李占座乘客。对此类乘客可称作需要特殊照顾或遇有特殊情况提供特殊服务的乘客。

对乘客的服务，在客舱服务的课程中有详细的要求和工作程序，本节对安全管理有关规则进行阐述。

一、特殊乘客

特殊乘客在购票时，须向航空公司申请特殊服务，比如，需要轮椅、儿童无人陪伴旅行、老人需要照顾等，航空公司同意接受，就表示承运人有了承诺。从乘客到达机场开始办理乘机手续起，特殊服务即刻开始，一直到乘客到达目的地机场终止。所有交接过程都有专人责任，包括乘客的随身物品及行李等。

(1) 地面工作人员在起飞前将《特殊旅客交接单》交给该航班的乘务长，乘务长在交接单上签字。

(2) 在乘客登机前，乘务长必须记下该乘客的座位号，如果被安排的座位是出口座位，应报告机长，由机长反映给地面服务部工作人员进行调整。

(3) 落地前，主任乘务长应落实特殊乘客是否有特殊需求，比如下飞机是否需要轮椅等。

(4) 在乘客的终点站或转港站，乘务长将《特殊旅客交接单》转交给接飞机的地面工作人员，并由地面工作人员在单据上签字。

(5) 特殊旅客交接程序：地面服务员将《特殊旅客交接单》交给乘务长→乘务长签字→调整座位→安排落实乘务员负责→如何下机→与地面人员交接并签字。

二、担架乘客

担架乘客代码为 STCR。

(1) 根据安全运行规则，无论大小飞机，每一个航段只能安排一名担架乘客。该担架乘客只能安排在普通舱的后部，如图 7-1 所示。

(2) 安排担架的方向，乘客头部最好是朝向机头方向。在飞机起飞下降前，乘务员要检查其固定担架的装置安全；提醒陪同者坐好并系好安全带；飞机到达目的地机场后，安排担架乘客最后下飞机。

(3) 在应急情况下，担架乘客不能先于其他乘客撤离。

(4) 担架旅客乘机需提供由 2 级甲等医院（境外含诊所、医疗中心及医院）医生填写并加盖有公章的《诊断证明书》。《诊断证明书》必须在航班计划起飞前 48 小时内出具。

(5) 申请及出票时限。

国内航班：旅客最晚提前 48 小时申请。

国际（地区）航班：旅客最晚提前 72 小时申请。

出票时限：不早于航班计划起飞前 48 小时，不晚于航班计划起飞前一天 09:00。

(6) 乘机须知

① 担架旅客需要在飞行中使用医用氧气装置的，需要在申请购票的同时向航空公司提出申请，免收用氧费用。

② 旅客需要救护车时，由旅客自行与相关部门（如各机场急救中心）联系，费用亦由旅客承担。

③ 担架旅客必须至少由一名医护人员或成人旅客陪同旅行，医护人员必须出示身份证明及职业证明。

④ 担架旅客及其随机人员须携带身份证件、《诊断证明书》及《特殊旅客乘机申请书》

（一式两份），最迟于航班预计起飞时间前120分钟到达航班始发地机场办理乘机登记手续。

（7）适用票价：担架旅客、陪同人员或监护人可使用适用的经济舱票价，担架占座必须按实际拆座数的普通公布票价购买客票。

（8）免费行李额：担架旅客免费行李额根据旅客实际购买机票数量确定。

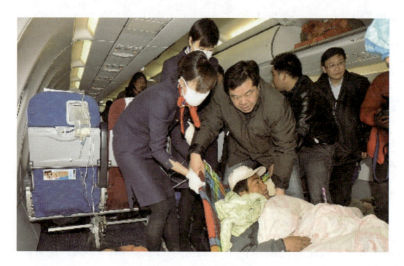

图7-1 运送伤病员

三、轮椅乘客

轮椅属于免费托运行李，不计算在免费托运行李限额内。如果乘客在办理登记手续的过程中需要使用轮椅，在经过航空公司许可后，轮椅在交运行李或登机时在登机口交运，如图7-2所示。

图7-2 轮椅乘客

电动轮椅在托运时，其包装应该符合下列要求。

（1）带有防漏型电池的轮椅：确保电池不发生短路且安全地安装在轮椅上。

(2) 装有非防漏型电池的轮椅：电池不能安装在轮椅上，并应带有保护性包装。包装应该具有防漏功能，并且用绑扎带、固定架或支架将其固定在集装板上或货舱内。确保电池不发生短路，并且周围用合适的吸附材料填满，以吸收任何泄漏液体。

(3) 包装上应该标有"BATTERY, WET, WHEELCHAIR"（轮椅用电池、潮湿）或"BATTERY, WET, WITH MOBILITY AID"（代步工具用电池、潮湿）字样，并加贴"CORROSIVE"（腐蚀性）标签和"UPWARD"（向上）标签。

关于轮椅托运的更多信息，可以与始发地航空公司业务部或营业部联系。

1. 轮椅乘客有以下三种代码

代码1：WCHR——表示乘客能够自行上下飞机，在客舱内能自己走到座位处。

代码2：WCHS——表示乘客不能自行上下飞机，但在客舱内能自己走到座位处。

代码3：WCHC——表示乘客完全不能走动，需他人协助才能进入客舱。

2. 运输规定

(1) 乘客自带轮椅应放在货舱内运输。

(2) WCHS 和 WCHC 在每一航班的每一航段限载两名（波音737或空客320机型）。

3. 乘机管理

轮椅乘客先于其他乘客登机，晚于其他乘客下机。出于安全考虑，轮椅乘客不可被安排坐在应急出口或机舱门口附近的座位。

轮椅乘客将自己的轮椅办理托运，由地面特服人员使用航空公司的轮椅把乘客送上飞机。下降前，由乘务员报告机长，申请轮椅。待飞机到达后，再由地面服务人员负责把轮椅乘客接送至候机楼。

四、盲人、聋哑乘客

盲人旅客是指双目失明，单独旅行需要承运人提供特殊服务或有成人陪伴旅行的成人旅客。眼睛有疾病的旅客不属于盲人旅客，应按病残旅客的有关规定办理。聋哑人旅客是指双耳听力有缺陷或者不能说话的旅客，不是指有耳病或听力弱的旅客，如图7-3所示。

盲人、聋哑乘客有以下两类：

(1) 无成人陪伴（单独旅行）的盲人旅客或者无成人陪伴（单独旅行）的聋哑人旅客；

(2) 有成人陪伴的盲人旅客或者有成人陪伴的聋哑人旅客。

单独旅行的盲人或者聋哑人必须在订座时提出申请，经航空同意后，在航班起飞前48小时内购票（此类旅客运输受限制），并由其家属或他的照料人填写《特殊旅客（无成人陪伴的盲人/聋哑人)乘机申请书》。不满16周岁的盲人或者不满16周岁的聋哑人单独乘机,航空公司将不予承运。

图7-3　盲人、聋哑乘客

运载盲人、聋哑乘客规定如下。

(1) 代码BLND:包括盲人、无导盲人、有导盲人。

(2) 代码DEAF:包括聋人、聋哑人。

(3) 盲人乘客运输条件:盲人乘客携带导盲犬应具备动物检疫证,导盲犬需带口套和牵引绳索。

(4) 聋哑乘客如带助听犬上机,条件与导盲犬乘客相同。

五、孕妇乘客

中国民航对孕妇乘坐飞机有很多具体规定,为了广大孕妇乘坐飞机时的安全,特别制定了运输规定和限制条件。

对孕妇乘客的处置方法如下。

(1) 乘务长对孕妇的孕期给予确认。

(2) 提供毛毯、枕头等物品,确认系好安全带(系在大腿根部)。

(3) 不可安排坐在应急出口或机舱门口附近的座位。

六、婴儿乘客

对婴儿乘客的处置方法如下。

(1) 提供婴儿安全带。

(2) 不可安排坐在应急出口或机舱门口附近的座位。

七、无成人陪伴儿童

无成人陪伴儿童是指家长没有陪同孩子乘机，并且可以独自乘机完成从甲地到乙地的旅行。家长在购票时，需要填写有关申请表，航空公司或售票人员根据填写的《无人陪伴儿童》运输申请书，为该儿童办理订座和售票，并建立记录档案。该档案航空公司留存一份，家长保存一份，工作人员使用一份。

1. 无成人陪伴儿童的运输

无成人陪伴儿童乘机时应满足以下条件。

(1) 可以在不换飞机的前提下独自旅行。

(2) 可以在不备降或预计不会因天气原因转移或跳过目的地的航班上独自旅行。

(3) 必须有成人陪同直到上机时为止，必须佩有到达站接儿童的成人名字及地址的标志。

(4) 其座位必须已经确认。

(5) 不可安排在出口座位处。

(6) 无成人陪伴儿童要安排应急撤离时的援助者。

2. 无成人陪伴儿童的交接责任

航空公司对无成人陪伴儿童的交接责任有以下九个方面。

(1) 航空公司从接收此儿童起就负全部责任，直到抵达目的地有成人来接为止。

(2) 售票人员根据旅客填写的《无成人陪伴儿童》运输申请书，为该旅客办理订座和售票，并建立记录文件。

(3) 地面服务人员必须在无人陪伴儿童外衣上戴上统一标志。

(4) 地面服务人员把儿童送上飞机，向主任乘务长说明其目的地和接收的成人姓名，如图7-4所示。

(5) 主任乘务长保管其资料，直到落地后移交给地面工作人员或来接的成人。

(6) 过站时，不能允许儿童离开飞机，除非有地面工作人员或乘务员陪同。

(7) 在没有工作人员的陪同下，儿童不得下机。

(8) 在乘务组换机组而儿童未到达目的地时，下机的主任乘务长负责将此儿童和有关资料移交给地面工作人员。

(9) 在交接儿童之前，负责接收无人陪伴的儿童的乘务员必须见到与UM文件一致的大人身份证明和获得他/她与 UM 上一致的签名，乘务员应将签过的 UM 文件交给地面代办人员，如无成人陪伴儿童没有被接走或来接之人与 UM 文件上的名字不符时，乘务员必须将孩子交给地面工作人员，如图 7-5 所示。

图 7-4　地面工作人员护送

图 7-5　无成人陪伴儿童的交接责任

八、遗失物品乘客

在登机前、登机时或起飞后，如果乘客的手提物品丢失了，客舱乘务员需要将丢失的时间、地点、物品名称、物品特征、物品价值了解清楚，并尽力帮助寻找。乘务员也可将情况通知地面服务员，请他们帮助查找。如未找到乘客的遗失物品，首先要向乘客道歉，告诉其实情，表示如果有进一步的消息会及时通知乘客，并留下失主的联系方式，及时反馈有关信息。

如果拾到乘客遗失的物品，客舱乘务员应两人在场清点遗失物品并报告乘务长。如果有人认领，乘务长应与其核对物品，确认无误后归还失主，必要时留下该旅客的姓名及有效证件的号码。

如果飞机落地后，乘客已经离开机场或在旅客登机前，乘务员在客舱捡到有价值的物品，必须马上报告乘务长进行查看，而且需要两人在场，将遗失物品逐一记录。将遗失物品交给地面工作人员，需要双方签字。

九、机上发生失窃处置

随着乘客选择乘坐飞机出行的概率逐年递增，乘客的身份越来越复杂，偶尔机上出现失窃不足为奇，关键是乘务员要提醒广大旅客保管好自己随身携带的手提物品，特别是贵重物品，防止失窃。出现了失窃应如何处理？多年的飞行经验告诉我们，偷盗者通常趁乘客休息或上洗手间的时间动手作案。对这类失窃事件的发生，乘务员可根据客舱安全管理规定的程序进行处理。

（1）提示乘客看管好自己的手提包，贵重物品尽量放在自己座位下面或自己视线范围之内。

（2）乘务员不要主动替乘客保管物品，尤其是贵重物品、易碎物品。

（3）加强客舱监控，及时关闭行李架。在飞行中注意观察有无可疑现象。

（4）如果机上发生偷窃，乘务员首先要与乘客确认此事是在客舱发生，然后了解以下情况：

① 丢失物品的名称、规格、式样、颜色及其价值。

② 丢失物品放置位置，如行李架上还是座椅下方。

③ 丢失的时间段。

（5）处置方法：

① 帮助乘客一同查找。

② 帮助乘客向周边乘客咨询了解，看能否发现蛛丝马迹。

③ 如果乘客执意要求报案，报告机长，飞机落地后，乘务长广播通知乘客，协助警方做好后续工作。

案例分享

案例：法网恢恢，疏而不漏

凌晨1点30分起飞的北京至宁波的某个航班上，大部分旅客用过餐食后开始休息睡觉。空警在安静的客舱里巡视观察旅客动态，当空警从客舱前部走到后部时，发现一名中年男子在打开12排C座位上方的行李箱，往外拿一个咖啡色的手提包。那名中年男子看到有人来，立即把包放了回去，关上行李架，然后在客舱中部找了一个空座位坐下，手里拿着纸巾不住地擦汗。他的这一异常举动引起了空警的高度警觉。为了避免打草惊蛇，空警继续若无其事地巡视，并重点对该中年男子监控。

凌晨3点10分，飞机在宁波机场落地，15排A座一位30岁左右女性旅客报警说，自己一个装有大量现金的咖啡色 LV 手提包不见了,并指着这名中年男子说是他偷了她的钱,这时中年男子正拉着黑色拉杆箱和电脑包急着下飞机,空警出示了自己的证件,截住了该盗窃嫌疑人。

经过清舱,在 10 排行李架上发现了被嫌疑人抛弃的咖啡色 LV 手提包,打开拉链后,发现行李包内装钱的小包,但里面的钱却不见了。机长立即报告地面,并将盗窃嫌疑人移交宁波机场公安人员处理。

通过此事说明,无论我们选择什么样的交通工具外出旅行,都要提高警惕,看管好个人物品,不能给盗贼有可乘之机。

十、押送犯罪嫌疑人

公安人员执行押送犯罪嫌疑人任务,有时会选择乘坐飞机,根据任务需要和轻重程度,当班乘务长会提前一天接到相关部门的通知,并在飞行准备会上告知全体乘务员并提出注意事项。如果属于保密任务,乘务长会配合机上保卫员做好保密工作。关于飞机上押送犯罪嫌疑犯,航空公司有如下规定。

(1) 押送犯罪嫌疑人不得与要客同乘一架飞机。在一个航班上不能同时押送两名具有危险性的犯罪嫌疑人。

(2) 押送人员必须保证犯罪嫌疑人没有携带武器,致人身体伤亡的药品、火具或其他危险物品,并保证犯罪嫌疑人始终处于控制之下。

(3) 被押送犯罪嫌疑人的乘机座位应安排在客舱后部,不能安排在前舱、应急出口、舱门出口处。

(4) 对押送犯罪嫌疑人不能提供含有酒精的饮料。用餐时,不得给犯罪嫌疑人提供金属刀叉勺、玻璃、瓷器器皿。

(5) 在任何情况下,不能将犯罪嫌疑人铐在座位或其他固定物体设备上。

(6) 押送人员乘机时不得携带武器,执行先登机、后下机的规定。

十一、对违反禁烟规定的处置

(1) 发现违反禁烟规定的乘客,应立即要求其停止吸烟。如果乘客当即停止,不再追究其责任。反之,如果乘客继续吸烟,乘务员有权提出批评并报告乘务长。

(2) 如果乘客不听劝阻,态度恶劣,还继续吸烟,乘务员有权向其明确指出,此举是严重违法行为并报告机长。

(3) 一旦将此事报告机长,就要将其姓名、座位排号填写"机上应急事件报告单"。

(4) 如果发现有人在卫生间里吸烟，应严格检查该卫生间有无火灾隐患。

练习题

1. 从民航运输服务和安全管理的需要出发，对乘坐飞机乘客进行了划分。不同身份的乘客包括哪些类型？
2. 请举例说明行为能力被划分为限制性乘客的类型。
3. 担架乘客的英文代码是什么？
4. 请说出三种轮椅的英文代码，并加以解释。

第八节　勤务动物运输

勤务动物是指免费运输的帮助障碍性乘客的动物，如狗、猴子、警犬、救援犬、导盲犬或助听犬。航空公司对此有如下运输规定。

(1) 障碍性乘客，在国内或出/入境乘坐飞机，携带动物一同登机，必须出示该动物有效的"检疫证书"及国家颁发的残疾人证明。

(2) 登机前，导盲犬必须戴好口套和系好牵引绳索。在飞行途中，导盲犬不得占用座位或任意跑动，必须停留在主人身边，如图7-6所示。

图7-6　导盲犬

(3) 导盲犬应安排在窗口座位，不能安排在出口座位和走廊通道处。

【案例向导】

导盲犬是经过严格训练的犬，是工作犬的一种，可以带领盲人朋友安全地走路；当遇到障碍和需要拐弯时，会引导主人停下以免发生危险。温顺可爱、善解人意的导盲犬已经成为很多盲人朋友的"贴身好保姆"。

2009年4月30日，中国民用航空局运输司颁布了《残疾人航空运输办法（试行）》，首次为导盲犬等服务类犬上飞机开了"绿灯"，而各大航空公司对于携带导盲犬乘机的规定基本大同小异。

携带导盲犬乘机，必须在航班起飞前72小时或48小时，在直属售票处或营业部提出订座申请，符合运输条件的导盲犬可以由盲人旅客免费携带并带入客舱运输，或单独装进货舱运输。

导盲犬陪伴主人进入客舱，需要提供有效的动物免疫证、动物检疫合格证、运载工具消毒证明、动物训练合格证明以及动物的身份证或工作证等书面证件。

航空公司对于导盲犬登机的数量有严格限制，一般每一航班的客舱内只能装运一只导盲犬。

飞行中，除可给导盲犬少量饮水外，禁止喂食。

带进客舱的服务犬，应在登机前为其系上牵引绳索，并不得占用座位和让其任意跑动。只能购买经济舱机票。购票后需提前更多时间办理登机手续。

值得提醒的是，虽然服务犬进入客舱拥有航空法规的保障，但导盲犬陪伴主人进入客舱的条款和手续普遍比较复杂，而且在航班上会有专门的工作人员为旅客提供服务。如果不是特别需要依靠导盲犬，建议办理手续时将服务犬托运到货舱，做宠物托运处理。

服务犬乘飞机相关规定

中国民用航空总局关于《残疾人航空运输办法（试行）》

具备乘机条件的残疾人需要携带服务犬进入客舱时，应在订座时提出，最迟不能晚于航班离站时间前72小时。承运人应通过其订座系统或其他手段，确保该需求被记录，并及时传递到相关人员。

具备乘机条件的残疾人应向相关部门提供服务犬的身份证明和检疫证明。

带进客舱的服务犬，应在登机前为其系上牵引绳索，并不得占用座位和让其任意跑动。

承运人在征得服务犬机上活动范围内相关旅客同意的情况下，可不要求残疾人为服务犬戴口套。

除阻塞紧急撤离的过道或区域外，服务犬应在残疾人的座位处陪伴。具备乘机条件的残疾人的座位处不能容纳服务犬的，承运人应向残疾人提供一个座位，该座位处可容纳其服务犬。

由于航班取消或不能提供残疾人所要求设备而被迫转到其他承运人的航班时，由该承运人提供残疾人向原承运人所要求的服务，原承运人应予以协助。

案例分享

✈ 案例：导盲犬免费乘机，陪主人回家过年

2013年2月1日上午，大连机场迎来了春运期间一位特殊的旅客——内蒙古人马凯和他的新伙伴导盲犬"科林"从机场进入飞机客舱。

"科林"是条拉布拉多犬，经过导盲犬基地培训后，终于等来了它的主人——内蒙古人马凯，这是它首次陪伴主人乘坐海航HU495航班由大连飞往内蒙古乌海的老家过年。

一切手续办理完毕后，工作人员引导马凯和"科林"通过绿色通道进行安全检查，顺利登上飞往北京的航班，进入客舱内。海航为马凯安排飞机客舱经济舱前部靠窗的座位，并将旁边的座位预留出来，而"科林"就横着趴在并排两个座位下，头正好从马凯腿部探出座位，显得十分可爱。马凯只需支付自己的飞机票，"科林"则是免费乘机。对于自己和爱犬所受到的待遇，马凯感激不已："感谢大连机场和海航，为我们提供的方便。"

那么，携带导盲犬乘机都需要办理哪些手续？首先，必须在航班起飞前48小时至72小时，在直属售票处或营业部提出订座申请，符合运输条件的导盲犬可以由盲人旅客免费携带并带入客舱运输，或单独装进货舱运输。其次，导盲犬陪伴主人进入客舱，需要提供有效的动物免疫证、动物检疫合格证、动物训练合格证明以及动物的身份证或工作证等书面证件。航空公司对于导盲犬登机的数量有严格限制，一般每一航班的客舱内只能装运一只导盲犬，导盲犬乘机不收取任何费用。导盲犬和旅客一样，也必须接受安全检查。其他宠物只能托运进入货舱，不能随同主人进入客舱登机。

练习题

1. 盲人可以携带哪类动物一同登机？应具备哪些条件？
2. 乘务员如何帮助盲人安排就座？
3. 盲人及动物在飞机上需要遵守哪些规定？

第八章
民用航空机上紧急情况

本章提示：本章介绍民用航空紧急事件在机上发生的种类，如火灾、客舱释压、非法干扰等。通过理论学习和模拟演练，要求掌握正确、快速、有效的处置方法，以达到最大限度地避免或减少各类民用航空事故的危害、保障旅客生命和财产安全的目的，同时学会日常生活中的保护方法及处置紧急情况的步骤。

第一节　机上火灾

为控制机上火灾发生的危害，维护和改善民用机场和民用航空器内的公共环境，保护广大旅客的健康，确保飞行安全，1997年12月30日，中国民用航空总局局务会议通过了《民用机场和民用航空器内禁止吸烟的规定》，自公布之日起施行。

一、火灾隐患

纵观航空历史，不管是国内还是国外，飞机火灾事故时有发生。

（一）飞机火灾的特点

飞机火灾一般具有以下特点。

1. 可燃、易燃物多，火灾危险性大

首先，飞机的装修材料多为可燃、易燃物品。客舱内密集的座椅、地板上的地毯以及其他设施，都是飞机本身携带的可燃物。其次，乘客随身携带的行李、衣物等外来可燃物也增加了飞机内部的火灾荷载。所以，机舱内可燃物大量聚积，导致火灾危险性增大。

2. 火灾蔓延速度快，扑救困难

飞机内火灾不易扑灭，主要是由几个原因造成的：

(1) 飞机内空间相对狭小，可燃物聚集，火灾荷载大。

(2) 飞机各舱之间没有防火分隔，一舱起火，很快就会蔓延至其他舱位。

(3) 飞机在飞行过程中，高空环境条件复杂。

(4) 飞行过程中起火，地面消防力量无法参与救援。

3. 容易发生爆炸

飞机内部起火，密闭狭小的空间内温度会迅速升高，里面的气体也会迅速膨胀，极易造成爆炸。另外，高温对发动机舱也是很大的威胁。一旦发动机舱遇火燃烧，爆炸就难以避免。

4. 火灾造成的烟气毒性大，易使人窒息死亡

飞机各舱之间互相连接，有毒气体和烟雾会很快充满机舱内部。同时，飞机的密闭性非常高，有毒气体和烟雾很难散发出去。在这种情况下，飞机内人员极易中毒身亡。

（二）火灾隐患

飞机内的火灾隐患有以下几种：

(1) "请勿吸烟"信号灯亮，仍有人吸烟。

(2) 烤炉内存有异物或加热时间过长。

(3) 旅客吸氧时。

(4) 旅客携带易燃物品。

(5) 卫生间内抽水马达故障。

(6) 卫生间内有人吸烟。

(7) 操作使用电气设备不当或电气设备故障。

二、火灾种类

飞机内的火灾分为 A、B、C、D 四类。

(1) A 类：可燃烧的物质，如织物、纸、木、塑料、橡胶等。

(2) B 类：易燃的液体、油脂等。

(3) C 类：电器设备。

(4) D 类：易燃固体，如镁、钛、钠等。

三、3 人灭火小组

灭火小组由 3 人组成，其中一人负责灭火，一人负责通信联络，一人负责援助。

1. 灭火者的职责

(1) 负责观察烟火颜色、气味。

(2) 取用相应的灭火瓶和防烟面罩。

(3) 立即实施灭火。

(4) 呼叫帮助并发出信号。

2. 通讯员的职责

(1) 通过内话机向机长、乘务长通报火情，包括以下几个方面：

① 颜色。

② 烟的浓度。

③ 气味。

④ 火源。

⑤ 火势。

⑥ 对旅客的影响。

⑦ 乘务员采取的行动。

(2) 保持不间断地与驾驶舱的联系。

(3) 准备好辅助灭火设备，做好第二灭火者准备。

3. 援助者的职责

(1) 收集其余的灭火瓶和防烟面罩。

(2) 做好接替灭火者工作的准备。

(3) 负责监视防烟面罩的使用时间。

(4) 负责监视余火，保证其无复燃的可能。

四、一般灭火程序

一般灭火程序包括以下步骤：

(1) 寻找火源，确定火的性质。

(2) 切断电源。

(3) 取用相应的灭火瓶灭火，并穿戴好防烟面罩。

(4) 向机长报告。

(5) 收集所有的灭火设备到失火现场。

(6) 监视情况，保证余火灭尽。

五、旅客的保护

飞机着火时，对旅客的保护分为以下几个方面：

(1) 调整火源区域旅客座位。

(2) 指挥旅客身体放低，用手或其他布类罩住口鼻呼吸（衣服、小毛巾等，如果是湿的更好），避免吸入有毒的气体。

(3) 穿上长袖衣服，防止皮肤暴露。

六、灭火要点

(1) 保持驾驶舱门的关闭。

(2) 搬走火源区的易燃物（氧气瓶等）。

(3) 始终保持与驾驶舱的联系。

(4) 不要放下氧气面罩。

(5) 灭火时应将喷嘴对准火源的根部，由远至近，从外向里，平行移动灭火。

(6) 灭火者戴上防烟面罩。

(7) 随时准备撤离旅客。

(8) 稳定旅客的情绪。

(9) 关闭通风器，控制火情。

七、特殊火灾的处理

（一）洗手间失火

据国际民航组织统计，80%的机上火灾都是因为乘客在洗手间吸烟，并将烟头随意丢掉引起的。

洗手间失火在机上火灾中约占45%。如果烟雾探测器发出警告声，表明洗手间存在烟雾或起火的现象。这时应做出以下处置：检查洗手间内是否有人，或用手背感觉门的温度。

1. 如果有人在用洗手间

试着与洗手间内的人联系。如果是香烟的烟雾造成烟雾探测器发出声音，则让旅客熄灭香烟，开门将烟雾从洗手间内清除掉，则报警声音解除。应向吸烟者明确地指出其行为不当，并且通知机长。

2. 如果门是凉的

(1) 取出就近的海伦灭火瓶。

(2) 小心地打开洗手间的门，观察火的位置。

(3) 为了压住火焰，可以使用潮湿的毛毯，或用海伦灭火瓶对准火源的底部灭火。

(4) 当灭火成功后，通知机长。

(5) 将灭火后的洗手间锁好。

3. 如果门是热的

(1) 保持门的关闭状态。

(2) 取出灭火瓶和斧头。

(3) 用斧头在门的上方凿个洞。

(4) 将灭火剂从洞口喷入，直至喷完。

(5) 集中其他灭火瓶进行喷射，直至火被扑灭。

(6) 当灭火成功后，通知机长，并锁住洗手间。

4. 洗手间灭火要点

(1) 洗手间失火最好使用海伦灭火瓶。

(2) 门上的洞口与喷嘴大小相同，喷完后应封住洞口。

(3) 打开洗手间门时要小心，防止氧气突然进入，加重火情。

(4) 当烟雾从门四周溢出时，应用毛毯堵住。

（二）衣帽间失火

1. 有帘子的衣帽间失火

(1) 立即取用灭火瓶。

(2) 搬开未烧着的衣物和其他物品。

(3) 检查火是否被扑灭。

(4) 监视衣帽间的物品，保证余火灭尽。

2. 有门的衣帽间失火

有门的衣帽间失火，应首先触摸门的温度。

(1) 如果门和墙是凉的。

① 取出灭火瓶。

② 小心地打开门，观察火的位置。

③ 对准火源底部喷射灭火剂。

④ 搬开未烧着的衣服和物品。

⑤ 检查已燃烧的物品，保证余火灭尽。

(2) 如果门和墙是热的：

① 保持门的关闭状态。

② 取出灭火瓶和斧头。

③ 用斧头在门上凿个洞。

④ 将灭火剂从洞口喷入。

⑤ 集中其他灭火瓶进行喷射，直到火被扑灭。

⑥ 检查已燃烧的物品，保证余火灭尽。

(三)厨房设备失火

1. 烤炉失火

烤炉失火一般是由于加热时间过长,餐食油脂溢出或错误操作引起的。

(1) 切断厨房电源和烤炉电源。

(2) 关闭烤炉,以消耗氧气和窒熄火焰。

(3) 如果火势较大,火焰扩展到烤炉外面,应戴上呼吸保护装置进行灭火。

(4) 观察烤炉内火是否完全熄灭时,应将烤炉门开一小缝,避免遇有空气余火复燃,灼伤脸部。

2. 烧水杯失火

(1) 切断电源。

(2) 拔下水杯。

(3) 如果火不灭,使用海伦灭火瓶扑灭火源。

3. 厨房设备灭火要点

(1) 电器设备失火要首先断电。

(2) 要使用海伦灭火瓶灭火。

(3) 不要将水倒入过热的烧杯内。

(四)荧光灯整流器失火

荧光灯整流器为上侧壁和下侧壁客舱灯光提供电源,整流器长时间使用可能会过热,造成具有明显气味的烟雾。整流器失火短暂自我熄灭,相对没有危险。如整流器过热,则应:

(1) 通知驾驶舱。

(2) 关灯。

案例分享

 案例1:杜绝了一起火灾

在某日,广州—北京航班旅客登机后,因为天气原因,机长通知等待起飞。这时乘务组感觉延误时间过长,开始为旅客提供饮料服务。乘务组在送水时,一位在后舱工作的乘务员发现从卫生间出来的一位旅客身上带有很浓的烟味,于是断定他可能吸烟了,立即拿上矿泉水并要求与这位旅客一同去查看烟味很浓的卫生间。

开始，该旅客不承认吸烟且态度蛮横。基于飞行经验和年度培训学习，乘务员首先拉开卫生间内垃圾箱，仔细寻找后，发现了一个已将塑料袋烧了一个大洞并冒着烟的烟头。在事实面前，该旅客没有了刚才的蛮横，但说道："我以前坐飞机经常在卫生间吸烟，没有人发现过我。"乘务长翻出《客舱乘务员手册》中的相关规定让他看，严肃地指出其行为危及飞行安全，可能会导致火灾，使该旅客最后承认了自己的错误，并表示这样的行为以后不会再发生。乘务组没收了其香烟和火柴。

案例2：飞机客舱冒烟，乘客滑梯逃生（如图8-1所示）

2011年12月9日上午，国泰航空公司一架编号为CX365的波音747-400型飞机停靠在上海浦东机场T2航站楼。

上午9时15分，乘客登机，所有准备工作就绪，但飞机迟迟没有起飞。直至10时20分左右，飞机缓缓移动，开始滑行。10时30分左右，飞机前舱出现烟雾，有旅客惊恐地大叫"着火了"。机上乘客开始骚动，有人尖叫，有人解开安全带，要求下飞机。机舱内的烟雾越来越浓，呛得人睁不开眼睛。此时，飞机卫生间内有烟雾冒出。

空乘人员在客舱安抚旅客尽量坐在座位上，一边与机组沟通，一边准备处置措施。10时35分左右，飞机两侧逃生通道的充气滑梯全部打开，空乘要求大家立刻跳滑梯逃生，不要携带随身行李。在机组人员的指挥帮助下，机上乘客滑至地面，在附近草坪上聚集。

图8-1 飞机的逃生滑梯都被打开

大约5～10分钟后，机上所有人员安全撤离至地面。在滑落过程中，有人因身体姿态失控造成擦伤，两个老人甚至摔倒在地。伤者基本都是皮外伤或轻微骨折。与此同时，6辆消防车陆续抵达现场待命。

该事件提醒乘客，上飞机后一定要注意观看小屏幕播放的乘机安全常识以及阅读座位上的安全手册，发生事故时，要遵守秩序、注意逃生技巧，减少受伤概率。

> **练习题**

1. 简述机上火灾的隐患。
2. 请举例说明 A、B、C、D 类各种火灾的代表物质。
3. 厨房设备灭火有哪些要点？

第二节 飞机颠簸

飞机颠簸主要是由于飞机飞入扰动气流区，扰动气流使作用在飞机上的空气动力和力矩失去平衡，飞行高度、飞行速度和飞机姿态等发生突然变化而引起的。

一、颠簸分类和危害

颠簸是飞机在扰动的气流中飞行时产生的震颤、上下抛掷、摇晃、摆头等现象。

（一）颠簸分类

飞机颠簸强度与扰动气流强度、飞行速度、翼载荷等有关，通常分为轻度、中度和严重三种。

（二）颠簸的主要表现

不同程度的颠簸，其表现及对乘客的影响也不同。

1. 轻度颠簸

在座位上的人员可能感觉到安全带或者肩带轻微受力；未固定的物体可能被稍微移动，饮料物品晃动；行走几乎没有困难；不影响客舱服务。

2. 中度颠簸

客舱内饮料会从杯中晃出，旅客感到安全带有拉紧感觉，行走困难，没有支撑物较难站起，八成满的饮料从杯中溅出来。客舱服务受到影响，客舱内走动困难，未固定的物体被移动，餐车也很难拉动。

3. 严重颠簸

客舱内用品摔落或抛起，安全带有被猛烈拉紧的感觉，人不能行走。未固定的物体前后左右摆动、抛起，无法进行客舱服务。

(三) 颠簸的危害

近年来，国内外各航空公司飞机突遇颠簸的现象越来越频繁，如何有效地预防颠簸造成的危害，已成为航空业的一个重要课题。根据国际航空运输协会（International Air Transport Association，IATA）统计，当前世界范围内商业飞机遇到的严重湍流每年有5000多起，导致人员受伤的事件每年数以百计，索赔额度达数千万美元。除空难外，空中颠簸是乘客和乘务员受伤的最大原因，也是影响民航飞行安全的重要风险源和难题之一。

二、颠簸应对措施

(一) 高效率防范手段——系好安全带

据调查：93%受调查者选择在"系好安全带"指示灯熄灭后解开安全带，只有7%的人选择全程保持系好安全带。这就要求做好安全乘机知识的普及，提醒旅客在旅途中全程都要系好安全带。

遇有颠簸，旅客应立即系好安全带，听从乘务员的安全指令，回座位坐好，停止使用卫生间。

突发强烈颠簸时，如旅客正在用餐、用水，特别是热饮，应立即将餐饮放置稳妥。旅客如果离开座位较远，来不及回到座位，那么应该立即蹲下，抓住座椅旁边可固定的物体，如座椅扶手、座椅脚柄等；旅客如正在使用卫生间，而卫生间没有安全带，此时要立即抓住把手等坚实物件。

旅客应养成良好的乘机习惯，多了解乘机的安全知识。阅读安全须知卡，起飞前认真观看安全录像。颠簸时千万不要开启行李架，以免行李砸伤。不要睡在地板上，躺在座位上睡觉时务必系好安全带，一旦颠簸，应立即起身坐好。成人旅客做好对儿童、婴儿旅客的监控，不能因其不愿意或哭闹就不为其系好安全带。孕妇旅客可以将安全带系于大腿根部，并在中间垫一个柔软的东西，如小枕头。身体不方便的旅客，可以请求乘务员帮助。

另外，旅客应克服恐惧心理，严重颠簸时，飞机会左右摇摆，机体会剧烈晃动，甚至快速地下降高度，旅客会有失重感，会恶心、头晕和呕吐，很多人会感到很害怕。这时旅客一定要保持平稳心态，可以咀嚼口香糖或者捏住鼻子深呼吸以减轻耳压。应尽量将头靠在座椅背上，以减缓眩晕。

(二) 飞行机组的处置方法

1. 飞机姿态

在严重颠簸情况下，所需要的操纵技术可能与飞行员的自然反应相反。为了保持机翼水平，允许迅速使用大幅度的副翼操纵，但在极度颠簸中，则只能用少量到中量的升降舵来操纵俯仰姿态，以免操纵过度或使飞机承受压力。飞机本身的安定性会使颠簸引起载荷逐渐缩小。飞行员应该主要依赖飞机本身的安定性，不必过多地关心俯仰姿态的改变；应柔和地操纵升降舵，阻止飞机离开所要求的姿态；当飞机正在向要求的姿态恢复时，就使升降舵回到中立位置。

2. 飞行高度

因为颠簸层厚度一般不超过 1000m，强颠簸层厚度只有几百米，颠簸层水平尺度多数在 100km 以下，所以，如果飞行中出现颠簸，改变高度几百米或暂时偏离航线几十千米，一般可以脱离颠簸区。采取改变高度的脱离方法往往能更迅速地脱离颠簸区。通常，在低空发生颠簸时，应向上脱离；在高空飞行时，可根据飞机的性能以及飞机与急流轴的相对位置确定脱离方向。误入积雨云发生颠簸时，应尽快脱离云体到云外飞行。

3. 驾驶舱全程开启客舱"系好安全带"信号灯

驾驶舱应全程开启客舱"系好安全带"信号灯，提醒旅客要全程系好安全带。

（三）乘务员的处置方法

乘务员应根据颠簸强度采取相应措施，将危险性降到最低。

(1) 轻度颠簸时，乘务组应进行客舱广播，认真检查旅客安全带是否系好，可以继续服务，但是停止提供热饮。

(2) 中度颠簸时，乘务组在进行客舱广播的同时，提醒旅客系好安全带。应暂停服务，将餐车拉回厨房，固定并锁扣好餐车；乘务员回到座位系好安全带、肩带。

(3) 严重颠簸时，乘务组应立即停止服务，在原地马上踩好刹车，将水壶放到饮料车或餐车内；在就近座位坐好并固定好自己。

(4) 发生颠簸后对设备、设施、受伤人员的处理：要求乘务组沉着冷静地处理好颠簸过后的相关事宜，在航班结束后填写《机上事件报告单》。

颠簸虽不会严重威胁到飞行安全，但由于乘务员多数时间在客舱内活动，遇到颠簸受伤的概率比较大，因此提高乘务员的自我保护意识是防止受伤害的重要前提。

案例分享

✈ 案例 1：飞机猛降 500m

2005 年 9 月，某航空公司一架 B-737 飞机在飞往桂林途中爬升至 3300m 时遇下降气流，猛降高度 500m，五名提前解开安全带的乘客受伤。

案例 2：飞机在高空突遇湍流

1998 年 1 月，美联航一架 B-747 飞机从东京飞往夏威夷，在 9500m 高空突遇湍流，一位女性乘客头部直接与天花板相撞，当场死于大脑出血。

案例 3：飞机急速下降 50 多米

2004 年夏季的一天，飞机在浦东机场上空准备落地时，因雷雨天气发生严重颠簸，致使急速下降 50 多米。由于乘务组提前接到机长有雷雨的天气预报，乘务员落地前对每位旅客认真进行了细致的安全检查，要求并确认每位乘客系好安全带。因此在这场强烈的颠簸中，无一人受伤。

练习题

1. 飞机颠簸主要是由于飞机飞入什么区域使作用在飞机上的空气动力和力矩失去平衡？
2. 飞机颠簸扰动气流使飞行和飞机等发生哪些突然变化？
3. 颠簸使飞机在扰动的气流中出现哪些现象？
4. 飞机颠簸强度与扰动气流强度、飞行速度、翼载荷等有关，通常分为哪三种颠簸？
5. 中度颠簸对客舱旅客的影响是什么？

第三节　客舱释压

客舱释压特用于民用航空器，当飞行高度超过 3000m 的客机的客舱因为空调设备故障，玻璃、机体受损等原因导致客舱内气压降低直至等于客舱外气压并持续的过程。

高空缺氧的影响与氧气含量和持续时间有关。气压高度在 3000m 以下时，缺氧程度很轻，人无明显异常表现；气压高度在 3000m 以上时，如长时间不补充氧气，人便会出现头痛、眩晕症状，甚至意识丧失。

一旦高空客舱发生释压，应当立即对旅客供氧，并且飞机应当立即下降到安全高度，以减小机上人员缺氧的影响。

一、释压类型

释压分为缓慢释压和快速释压两种类型。

1. 缓慢释压

缓慢释压是指逐渐失去客舱压力，它可能是因机门或应急窗的密封泄漏或因增压系统发生故障而引起的。

2. 快速释压

快速释压是指迅速失去客舱压力，它可能是由于密封金属疲劳破裂、炸弹爆炸或武器射击而引起的。在极端情况下，可以把快速释压归类为爆炸性释压。

二、客舱释压的反应

（一）缺氧反应

表 8-1 说明了飞机在不同的高度时缺氧反应的症状。

表 8-1　说明了飞机在不同的高度时缺氧反应的症状

高　度	症　状
海平面	正常
10 000 英尺	头痛、疲劳
14 000 英尺	发困、头痛、视力减弱、肌肉组织相互不协调，指甲发紫，晕厥
18 000 英尺	除上述症状外，记忆力减退，重复同一动作
22 000 英尺	惊厥，虚脱，昏迷，休克
28 000 英尺	5 分钟之内立即出现虚脱、昏迷

对于那些身体较差的人来讲，所出现的反应就更强烈，而在不同的高度，人在静止状态下有效的知觉时间也是非常短暂的。

表 8-2 表明了不同的高度与不同的有效知觉时间。

表 8-2　不同的高度与不同的有效知觉时间

高　度	有效知觉时间
22 000 英尺	5～10min
25 000 英尺	3～5min
30 000 英尺	1～2min
35 000 英尺	30s
40 000 英尺	15s

（二）缓慢释压反应

(1) 机上人员发困和感到疲劳。

(2) 氧气面罩可能脱落。

(3) 紧急用氧广播开始。

(4) 失密警告灯可能亮。

(5) 在舱门和窗口周围可能有光线进入。

(6) 耳朵不舒服,有打嗝和排气的现象。

(三)快速释压反应

(1) 飞机结构突然损坏,并出现强烈震动。

(2) 有物体在舱内飘飞,可能出现灰尘。

(3) 冷空气涌入客舱,客舱内温度下降。

(4) 有很响的气流声及薄雾出现。

(5) 压耳痛,氧气面罩脱落,飞机作大角度的紧急下降。

(6) 紧急用氧广播开始。

(7) 失密警告灯亮。

(8) 禁止吸烟及系好安全带信号灯亮。

三、释压的处置

民用航空器(客机)针对客舱有专门的空调系统,称为客舱空气系统或者客舱空调系统。此系统为客舱加压并控制气流、空气过滤和空气温度/湿度。由于地球上的空气随着海拔升高逐渐变得稀薄,压力逐渐减小,在中大型客机巡航的 10 000m 左右的高度,空气非常稀薄,温度非常低,正常人类无法顺畅呼吸。此时的客舱空调系统将机外低温稀薄的空气加压、加温充入机舱内,保证乘客的正常呼吸。

一旦空中遇到空调系统故障,或者机体受损,由于机舱内空气压力远大于机舱外压力,此时就会产生机舱失压,机组及乘客必须迅速采取有效措施,包括戴好氧气面罩,如图 8-2 所示。

图 8-2 客舱氧气面罩

（一）驾驶舱人员对释压做出的直接处置

机组对释压的处理方式有以下三种：

(1) 打开"禁止吸烟"和"系好安全带"信号灯，放下并戴上应急氧气呼吸面罩，让机上人员可以保证最基本的呼吸需求。

(2) 迅速降低高度到 3000m 或者更低，保证机舱内温度，并使乘客可顺畅呼吸。

(3) 就近选择降落机场，排除故障。

（二）乘务员对释压的直接处置

(1) 戴上最近的氧气面罩。

(2) 迅速坐在就近的座位上，系好安全带。如果没有空座位，则蹲在地上，抓住就近的结实机构固定住自己。

(3) 在戴上氧气面罩的情况下，呼喊指示旅客，并让旅客遵照执行。

(4) 有些旅客可能难以戴面罩。

① 指示旅客要摘下他们的眼镜。

② 指示已经戴上面罩的成年人协助坐在旁边的儿童。

(5) 在使用氧气系统期间，告知所有旅客禁止吸烟。

（三）到达安全高度后，进行客舱检查

飞机到达 10 000 英尺以下的安全高度，并且飞行机组已宣布可以安全走动，则乘务员检查旅客和客舱，完成以下事项：

(1) 携带手提式氧气瓶。

(2) 检查旅客用氧情况，首先护理急救失去知觉的旅客，然后照顾其他旅客。

(3) 对缺氧旅客提供手提氧气瓶。

(4) 如果在机身上有裂口的话，则重新安置旅客的座位，让他们离开危险的区域。

(5) 检查洗手间内有无旅客。

(6) 检查舱内有无火源。

(7) 在客舱中走动，并让旅客消除疑虑。

(8) 对受伤的旅客或机组成员给予急救。

(9) 让旅客把用过的氧气面罩放入座椅口袋内，不要把它们重新存放好或者试图把面罩拉出旅客服务板。

（四）处理客舱释压时应遵循的原则

处理客舱释压时应遵循以下原则。

(1) 氧气面罩的佩戴顺序：先乘务员，后成年人，再未成年人旅客，也可同时进行。

(2) 在释压状态未被解除之前，任何人都应停止活动。

(3) 对有知觉的旅客，吸氧应采取直立姿势；对没有知觉的旅客，吸氧取仰靠位。

(4) 应准备好灭火设备，防止意外引燃明火，发生火灾。

(5) 是否需要紧急着陆或撤离，取决于飞机的状况和机长的决定。

(6) 对于整个释压过程及旅客和客舱情况，要及时向机长通报。

案例分享

案例：飞机返航

2007年11月7日，乘务组执行B737-800机型飞机北京—福州航班，机上乘载着160名乘客，包括9名婴儿和4名儿童。旅客登机完毕，乘务长关闭舱门。

飞机开始滑行、起飞。当飞机离开地面3～5m时，L1门突然出现非常大的噪音，失密现象明显，乘务长判断是舱门出现了问题。考虑到此时正处在飞行关键阶段，乘务长在2～3分钟后打电话给驾驶舱，通报了L1门的异常情况，机组回答驾驶舱仪表显示L1门出现故障。机长将情况报告地面，决定飞机返航。

在此后飞机长达2个小时的盘旋放油时间里，客舱噪音非常大，乘务员彼此说话要趴在耳朵上喊，同时感觉到阵阵的胸闷、头晕。机组要求乘务组坐在座位上系好安全带，但客舱中的乘客根本无法听清乘务员的广播内容，纷纷按响呼唤铃，要求了解情况。为了确保旅客安全，带班乘务长指挥其他乘务员坐好并系好安全带，自己与4号区域乘务长不顾身体不适和随时出现的危险走到客舱，把飞机上发生的情况写在纸上让旅客了解，要求每位旅客系好安全带。

飞机落地后，相关部门对此事进行了调查，结果显示从门外看到L1舱门有大约2cm宽的缝隙。

练习题

1. 机上高空缺氧的影响与什么含量和持续时间有关？

2. 飞机在气压高度多少米以下时，缺氧程度很轻，人无明显异常表现？

3. 一旦高空客舱发生释压，应当立即对旅客供氧，以减小机上人员缺氧的症状，飞机应当立即下降到多少米为安全高度？

4. 处理客舱释压时应遵循哪些原则？

第四节　航空器内非法干扰行为及处置

非法干扰行为具体来说，就是违反有关航空安全的规定，危害或足以危害民用机场、航空器运行安全或秩序，以及有关人员生命和财产安全的行为。劫机、炸机等恐怖事件的发生多是由旅客引起，美国"9·11"事件已经给了人们一个惨痛的教训。当今，世界各国都采取各种防范措施，加强机场和飞机的安全保卫工作。

（一）非法干扰行为的定义

非法干扰行为是指违反有关航空安全规定，危害或足以危害民用航空器飞行安全或秩序，危及旅客、机组人员生命和财产安全的行为。

（二）非法干扰行为的类别

非法干扰行为有广义和狭义之分。

广义非法干扰行为是第一类，被称为严重的非法干扰行为，包括：根据《东京公约》《海牙公约》《蒙特利尔公约》《蒙特利尔议定书》的规定，触犯刑律的犯罪行为（恐怖主义罪行）；以暴力、胁迫或者其他方法实施或企图实施劫持、爆炸航空器；袭击、爆炸机场等严重的非法干扰行为。

暴力，是指直接对航空器实施暴力袭击或者对被害人采用危害人身安全和人身自由的行为，使其丧失反抗能力或者不能反抗的身体强制方法。如劫机分子携带匕首、枪支、炸药、雷管、引爆装置等对旅客和机组人员（包括驾驶员、副驾驶员、领航员、报务员、机械员、通信员、乘务长、乘务员进行捆绑、殴打、杀死、伤害、爆炸等。胁迫是指以暴力为内容进行精神胁迫使被害人不敢反抗的精神强制方法。如劫机犯向机组人员或乘客喊"谁动就打死谁、动就宰了你、动就马上引爆"等。其他方法，是指除暴力、胁迫以外的其他使被害人不能反抗或不敢反抗的强制方法。劫持是指犯罪人按照自己的意志非法强行劫夺或控制航空器的行为，如改变航空器的飞行路线或着陆地点等。

随着航空事业的发展，劫持航空器的犯罪时有发生，已严重危及航空安全。在联合国及国际民航组织和世界各国的共同努力下，先后制定了三个关于反对空中劫持的国际公约，即1963年9月14日在东京签订的《关于航空器内的犯罪和其他某些行为的公约》（简称《东京公约》）、1970年12月16日在海牙通过的《关于制止非法劫持航空器的公约》（简称《海牙公约》）、1971年9月23日在蒙利特尔通过的《关于制止危害民用航空安全非法行为的公约》(简称《蒙特利尔公约》)。

我国于1978年加入了《东京公约》,尔后又于1980年加入了《海牙公约》和《蒙特利尔公约》。1992年12月28日,全国人大常委会专门通过了《关于惩治劫持航空器犯罪分子的决定》,该决定是严厉打击劫持航空器的犯罪分子,保护旅客人身、财产以及航空器的安全,维护正常的民用航空秩序,促进我国民航事业发展的一项重要法律。

第二类,可能危及飞行安全的行为也称为一般性非法干扰行为,包括以下九种:

(1) 当面威胁或电话威胁劫炸机。

(2) 未经许可进入驾驶舱、企图打开驾驶舱门。

(3) 违反规定,不听机组劝阻。

(4) 在客舱洗手间内吸烟。

(5) 殴打机组或威胁伤害他人。

(6) 谎报险情、危及飞行安全。

(7) 未经允许使用电子设备。

(8) 偷盗或者故意损坏救生设备。

(9) 违反规定,开启机上应急救援设备等。

第三类,扰乱秩序的行为也称为一般性非法干扰行为,包括以下七种:

(1) 寻衅滋事、殴打乘客。

(2) 酗酒滋事。

(3) 性骚扰。

(4) 破坏公共秩序。

(5) 偷盗机上物品、设备。

(6) 在禁烟区吸烟。

(7) 冲击机场、强行登占航空器等。

狭义的非法干扰行为是指上述第二、三类行为,即一般性非法干扰行为。

(三) 非法干扰行为的处置原则

对非法干扰的处置应遵循以下原则:

(1) 确保人、机安全,争取飞行正常。

(2) 确定性质,区别处置。

(3) 及时控制事态,防止矛盾激化。

(4) 教育与处罚相结合。

(5) 机上控制,机下处理。

(四)一般性非法干扰行为的处置

对一般性非法干扰行为的处置有以下几个方面:

(1) 应对非法干扰活动及行为做出评估,确定其性质和可能导致的结果。

(2) 根据非法干扰活动及行为的严重性,依据有关法规及时采取说服、制止、警告、强制约束以及其他法律措施,使非法干扰活动所造成的损失减少到最小程度;在空中要注意不使事态扩大化。

(3) 对于一时无法控制的非法干扰活动及行为,应及时向有关部门报告情况,接受上级有关部门对非法干扰的指示和要求。根据民用航空运输的流动性特点,在非法干扰处置活动及行为发生时,要注意收集相关证据,以备必要时追究当事人的法律责任。

(五)交执法部门处罚的行为

飞机上有下列违法行为时,应交执法部门处罚:

(1) 在飞机飞行中,对执行航班任务的机组人员或旅客进行暴力侵害或威胁,或对飞机安全造成危害的行为。

(2) 在飞机运行中吸烟,不听劝阻者。

(3) 打架、酗酒、寻衅滋事。

(4) 机上发生盗窃事件。

(5) 故意损坏或擅自移动救生物品和设备。

(6) 危及飞行安全和扰乱飞机内秩序的其他行为。

(7) 故意提供已知的错误信息,导致飞机飞行中断,或使飞行安全受到危害及不良影响的行为。

(8) 在飞行中使用禁止使用的任何通信载体、电子玩具、仪器、设备,对飞行安全或飞机操纵构成危害或影响的行为,不听劝告的。

(9) 携带管制刀具、武器、危险品或易燃、易爆物登机的。

(10) 无登机客票或登机凭证登机的。

(六)非法干扰事件报告、讲评和存档

1. 严重非法干扰事件结束后

(1) 机长必须向公司航空安全委员会和保卫部呈报一份详细的书面报告,并有机长、客舱乘务长和空中警察、航空安全员的签名。

(2) 涉及事件的每一名机组成员上报个人报告。

(3) 由公司应急指挥中心对事件的处置过程做出处置报告,对此进行回顾和讲评,由公司上报局方,公司保卫部存档。

2. 一般非法干扰事件结束后

一般非法干扰事件结束后,由空中警察、航空安全员或客舱乘务长报告公司保卫部门。

"9·11"事件使恐怖活动更加年轻化、本地化和网络化。从长远来看,恐怖主义依然是国际民航安全的大敌。随着中国国际化程度的日益提高,中国民航已成为国际民航的重要组成部分,因此反恐也成为中国民航安全发展的重要环节。值得肯定的是,"9·11"事件之后,中国民航针对新的空防安全形势做出了积极应对,不断完善自身的安全管理体系,并于2004年正式成立了中国民航空警总队,目的就是建设一支防范和制止劫机、炸机、保护飞行安全、维护国家安全的反恐精英队伍。

不论是国内还是国外,民航安保要求越来越严格,乘客的安检项目也越来越多,民航局公安局将如何处理好安全与服务的关系?"一站式安保"这个概念最早是美国提出的,主要是针对联程过站旅客,特别是国际航班中的联程旅客。其中牵涉到安检统一标准、国际互认等一系列问题,除了民航的工作外,还要涉及政治、外交等诸多方面。但如今国际上安全形势日益严峻,还没有哪个国家能真正做到所谓的"一站式安保"。只有整个国际社会的安全形势、反恐局势有所缓和,达到一个比较理想的状态,我们才能真正做到"一站式安保""无干扰安检"。安检过程确实会给旅客带来不便,但我国民用机场所采取的安保安检措施都是国际民航组织要求的和确保安全所必需的。在我们心目中,安全是第一目标,安全是最重要的服务。

案例分享

案例:"9·11"恐怖袭击事件(如图8-3所示)

2001年9月11日,美国东部时间上午(北京时间晚上),恐怖分子劫持了4架民航客机,其中两架撞塌了美国纽约世界贸易中心(双子塔),两幢110层塔楼在遭到攻击后相继倒塌。另外两架飞机中,一架撞毁了华盛顿五角大楼,一架坠毁。这一系列袭击造成数千亿美元的直接和间接经济损失。

形式:劫机、自杀攻击。

死亡人数:3201(含凶手)。

受伤人数:6291。

主凶:基地组织。

19名劫机者分别同时搭乘飞往各地的美国民用航空飞机,这四架客机分别从波士顿、纽瓦克和华盛顿特区(华盛顿杜勒斯国际机场)飞往旧金山和洛杉矶。在劫机过程中,劫机者使用武器刺伤或杀害飞行员、空中乘务员和乘客。有一些乘客和机组人员设法使用机舱电话和手机与外界取得联系,并提供了有关劫机的一些细节。这些细节包括:每架飞机上都有几名劫机者;劫机者使用有毒化学喷雾器和刀具,例如催泪瓦斯、胡椒喷雾和小于10cm 的刀具;一些机组人员被刺伤等。

确保空防安全首先是要维护国家的利益,确保国家安全是空防安全的神圣使命和根本目的。其次是要保证人员及财产安全。保证旅客的安全主要包括两个方面:一是要保证旅客生命安全和人身安全;二是要保证旅客乘坐民用航空器旅行中的心理安全。

图8-3　"9·11"事件(世贸中心)

练习题

1.航空运输中非法干扰行为具体指哪些行为?

2.当今,世界各国都采取各种防范措施,加强机场和飞机的安全保卫工作。给了人们一个惨痛教训的"9·11"事件发生在哪年及哪个国家?

3.简述非法干扰的五项处置原则。

4.严重非法干扰事件结束后,详细的事件书面报告要有哪些人员的签名?

第五节 危险物品

危险物品是指易燃易爆物品、危险化学品、放射性物品等由于其化学、物理或者毒性特性使其在生产、储存、装卸、运输过程中，容易导致火灾、爆炸或者中毒危险，可能引起人身伤亡、财产损害的物品。显然，这是从物品的性质上所做的界定。通常，危险物品主要包括危险化学品、放射性物品。

2015年3月2日，国际民航组织第204届理事会第4次会议批准了《国际民用航空公约》附件18《危险品的安全航空运输》第12次修订。此次修订涉及安全管理体系、危险物品训练大纲以及邮件中的危险物品。

建立可应对危险物品风险的有效安全管理体系，以确保危险物品的安全运输，非常有必要。但并非所有国家都知道应将载运危险品纳入运营人的安全管理体系。此次修订包括在第1章《定义》中增加关于安全管理体系的定义（摘自附件19《安全管理》）。

一、危险物品的定义

危险物品是指在航空运输中，能对健康、安全、财产或环境构成危险，并在国际航空运输协会《危险物品规则》的危物品表中列明和根据此规则进行分类的物品或物质。

二、危险物品的分类

根据危险物品所具有的不同危险性质，危险物品分为九类：

(1) 第1类—爆炸物品。

(2) 第2类—气体。

(3) 第3类—易燃液体。

(4) 第4类—易燃固体、自燃物质和遇水释放易燃气体的物质。

(5) 第5类—氧化剂和有机过氧化物。

(6) 第6类—毒性物质和传染性物质。

(7) 第7类—放射性物质。

(8) 第8类—腐蚀性物质。

(9) 第9类—杂项危险物品。

禁止乘机旅客随身携带或托运的物品如下：

(1) 爆炸物品类。

① 弹药。

② 爆破器材：炸药、雷管、导火索等。

③ 烟火制品：烟花、爆竹等。

④ 上述物品的仿制品。

(2) 管制刀具。

(3) 易燃、易爆物品。

(4) 毒害品：包括氢化物、剧毒农药等。

(5) 腐蚀性物品：包括硫酸、有液蓄电池、氢氧化钠等。

(6) 放射性物品：包括有放射性的医学或研究样品。

(7) 其他危害飞行安全的物品，如可能干扰飞机上各种仪表正常工作的强磁化物、有强烈刺激性气味的物品等。

三、危险物品划分为三个包装等级

Ⅰ级包装：危险性较大。

Ⅱ级包装：危险性中等。

Ⅲ级包装：危险性较小。

四、典型危险物品标签

国际航空运输协会和国际民航组织对危险物品的标志和标签有具体要求。典型危险物品标签有下列特点：

(1) 钻石形状。

(2) 上半部有危险品识别标志，例如：1.4级。

(3) 分类号在下角，例如：6、8、1、1、4、4、9、5.1、2、7等。

(4) 易燃固体容易自燃。

五、危险物品标签样本

如果在客舱发现贴有危险品标签或标志的行李，应立即报告机长。如图8-4所示。

图 8-4 危险物品标签样本

六、飞行中客舱内发现危险物品事故应急处置程序

1. 初步措施

1) 通知机长

机上发生了危险物品事故，应当立即通知机长。

2) 物品的识别

要求有关的旅客识别其物品，并且指出其潜在的危险性。该旅客或许能够对所涉及的危险性及如何处理这些危险给予一定的指导。

对于客舱内只有一个乘务员的飞机，乘务员应该与机长协商是否需要向旅客寻求帮助以处理危险物品事故。

2. 发生火情

任何火灾都必须使用标准应急处理程序来处理。通常，对于溢出物或在出现烟雾时，不应使用水。因为它可能使溢出物的面积扩大或增加客舱空气中的烟雾浓度。当使用水灭火瓶时，应该考虑到水对机上电子元件的影响。

3. 溢出或泄漏情况

(1) 提取机上所设应急处理箱，或寻找其他用来处理溢出物或泄漏物的如下物品：

① 供给纸巾、报纸、其他吸水性强的纸张或织物（例如坐垫套，枕套、毛毯）。

② 烤箱手套或防火手套（如果有）。

③ 至少两个大的聚乙烯袋子。

④ 至少三个小一些的聚乙烯袋子，例如，垃圾袋、塑料袋等。

(2) 戴上橡胶手套和防烟面罩。在接触可疑的包装件或瓶子以前，应该时刻保护好自己的手。在防火手套或烤箱手套外面加上一层用聚乙烯材料覆盖的袋子，能够对手起到适当的保护作用。

当处理伴有浓烟或火情时，应该始终戴着防烟面罩(PBE)。

(3) 旅客转移。

在充满浓烟的客舱内，不能使用便携式氧气瓶或从旅客座位处上方掉落下的氧气面罩。如果烟雾扩散，客舱乘务员应该立刻采取行动，同时把旅客从发生事故的区域转移至安全区域，向旅客提供湿毛巾以捂住口、鼻。

(4) 把危险物品放进聚乙烯袋子里。

七、各机型最低风险爆炸区

在飞机上若发现爆炸物和可疑物品时，乘务员必须在专业人员的指导下，尽快将爆炸物移至对飞机危害最小的部位，即最低风险爆炸区(Least Risk Bomb Location，LRBL)。

1. 波音飞机

(1) B-737(所有机型)　　　右后服务舱门

(2) B-747(所有机型)　　　右后服务舱门

(3) B-757(所有机型)　　　右后服务舱门

(4) B-767(所有机型)　　　右后服务舱门

(5) B-777(所有机型)　　　右后客舱门

2. 空中客车飞机

(1) A-319　　　　　　　　右后客舱门

(2) A-320　　　　　　　　右后客舱门

(3) A-340　　　　　　　　右后客舱门

案例分享

案例：演习

2013年12月的某日，当虚拟乘客进入停机坪一架停场的飞机上，机组人员各就各位后，演习指挥宣布机上有两个不明物为危险品、爆炸物品。

全体机组成员马上进入戒备状态。随着"演习开始"的一声令下，乘务组、安全员全部开始紧张的搜索，对座位、马桶、行李架、客舱内的每一个角落都仔细检查。

时间一分一秒地过去，时间就是生存的机会。紧张地检查完一遍后没有进展，大家的脸上有了明显的焦灼。大家交叉检查，加快速度，开始了第二轮的搜索。终于，乘务员在前洗手间坐垫纸盒内发现了一个烟盒大小的不明物，接着在后厨房工作间烤箱架底层又发现了一个不明物。全部用时7分钟。

乘务组、安全员按照机型规定的最低风险爆炸区，在专业人员的指导下，将爆炸物移至对飞机危害最小的部位，即最低风险爆炸区。报告机长后由地面相关人员上机处理。

练习题

1. 危险物品是指哪些类型物品？
2. 根据危险物品所具有的不同危险性质，危险物品分为九类，分别举例说明危险物品1～9类的代表性物质。
3. 危险物品划分为几个包装等级？怎样代表其危险程度？
4. 禁止乘机旅客随身携带或托运的是哪些物品？

第九章
民用航空飞机客舱应急处置

本章提示：本章重点介绍应急处置的基本原则、基本知识以及应急撤离的方法。应急撤离分为陆地撤离和水上撤离两种。从准备撤离的时间上，可分为有准备的紧急撤离、有限时间准备的紧急撤离、无准备的紧急撤离。本章学习的目的是，经过理论学习和模拟演练，培养良好的应变能力，提高团队配合意识，学会应急处置方法。

第一节　应急处置的原则与知识

应急处置工作是指飞行机组与乘务组在飞机空中遇险的情况下，在有限准备时间内或无准备的情况下，机长给予指令，乘务组配合指导乘客做好各项防范保护措施，以降低乘客在非正常情况下的伤亡率，飞机停稳后组织紧急撤离的一系列工作。

一、应急处置的基本原则

应急处置应遵循以下原则：

(1) 听从机长指挥（如图 9-1 所示）。
(2) 迅速正确地判断。
(3) 准备处置措施。
(4) 随机应变。
(5) 沉着冷静。
(6) 维持秩序。
(7) 团结协作。

图 9-1　飞行机组

二、应急撤离的基本知识

（一）撤离出口的选定

根据机长指示和周围环境以及飞机着陆（水）的姿态，决定哪些出口可以使用，哪些出口不可以使用。

1. 正常陆地迫降

正常陆地迫降如图 9-2 所示，所有出口均可使用。

图 9-2　正常陆地迫降

2. 前轮和主轮全部折断

前轮和主轮全部折断如图 9-3 所示，翼上出口不能使用，因发动机触地，可能会引起火灾。

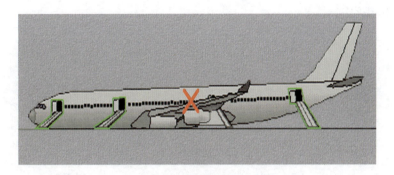

图 9-3　前轮和主轮全部折断

3. 前轮折断

前轮折断如图 9-4 所示，所有出口均可使用，但要考虑后机门离地面高度、滑梯长度。

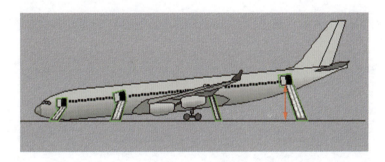

图 9-4　前轮折断

4. 飞机尾部拖地

飞机尾部拖地如图 9-5 所示，所有出口均可使用，但要考虑前机门离地面高度、滑梯长度。

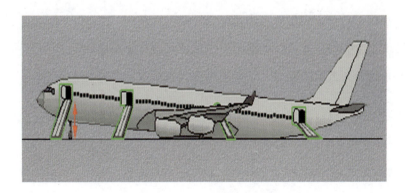

图 9-5　飞机尾部拖地

5. 飞机侧趴，主轮一侧折断

飞机侧趴，主轮一侧折断如图 9-6 所示，靠地面一侧的翼上出口不能使用，因发动机触地可能会引起火灾。

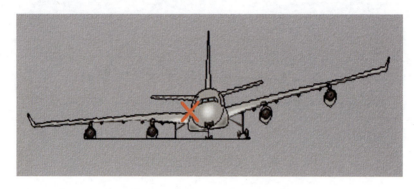

图 9-6　飞机侧趴，主轮一侧折断

6. 水上迫降

水上迫降如图 9-7 所示，翼上出口一般不用，其他出口要看飞机浸水情况而定。

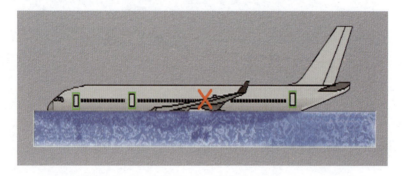

图 9-7　水上迫降

（二）应急情况的指挥

(1) 机上全体人员必须听从机长的指挥。

(2) 如果机长失去指挥能力，机组中机上指挥权按规定顺序移交。

(3) 带班乘务长失去指挥能力，乘务组指挥权按规定顺序移交。

（三）挑选援助者

每个出口处安排 3～5 名援助者。

1. 挑选的对象（如图 9-8 所示）

(1) 乘坐飞机的机组人员。

(2) 本公司或其他航空公司的雇员。

(3) 军人、警察、消防人员。

(4) 身强力壮的男性乘客。

图 9-8 挑选的对象

2. 任务

(1) 靠近机翼出口处的援助者需完成的任务（陆地），如图 9-9 所示。

图 9-9 靠近机翼出口处援助者的任务

① 援助者 1：观察情况，打开窗户，站在机翼上靠近出口的地方，帮助旅客撤离。

② 援助者 2：站在机翼底下的地面上，协助保护从机翼上滑下的旅客。

③ 援助者 3：指挥旅客远离飞机，到安全区域集合。

(2) 靠近机门出口处的援助者需完成的任务（陆地），如图 9-10 所示。

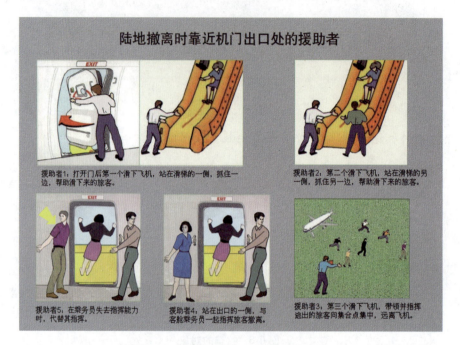

图 9-10　靠近机门出口处的援助者任务

① 援助者 1：打开门后，第一个滑下飞机，站在滑梯的一侧（如果作软梯使用，抓住滑梯一边），帮助保护滑下来的旅客。

② 援助者 2：第二个滑下飞机，站在滑梯的另一侧（如果作软梯使用，抓住滑梯另一边），帮助保护滑下来的旅客。

③ 援助者 3：第三个滑下飞机，带领并指挥逃出的旅客向安全区域集合，远离飞机。

④ 援助者 4：站在撤离出口的一侧，协助客舱乘务员指挥旅客撤离。

⑤ 援助者 5：在乘务员失去指挥能力时，代替其指挥，并向援助者讲解乘务员安全带的打开方法。

（四）调整旅客座位

在应急情况下，应对旅客座位做出如下调整。

(1) 援助者安排在出口处或需要帮助的旅客旁边就座。

(2) 特殊旅客安排在应急出口的第二排中间。

(3) 同一排座椅不能同时安排两个特殊旅客，如图 9-11 所示。

图 9-11　调整旅客座位

(4) 担架旅客安排在客舱最后一排。

（五）介绍撤离出口

(1) 确认出口环境。

(2) 乘务员在所负责区域面对旅客，逐排向旅客介绍至少两个以上的撤离出口，如图 9-12 所示。

图 9-12　介绍撤离出口

(3) 对需要帮助的旅客单独指导。

(4) 确认所有旅客清楚自己的撤离出口。

（六）组织旅客取下锐利和松散物品

应急情况下，组织旅客对锐利物品和松散物品做出如下处理。

(1) 取下钢笔、发夹、小刀和珠宝首饰、手表，将它们放在行李袋内。

(2) 假牙和眼镜放在自己外衣口袋内。

(3) 摘下围巾和领带，放在行李箱内。

(4) 脱下高跟鞋、皮鞋、带钉子的鞋，放入行李架内，如图 9-13 所示。

(5) 不要把任何东西放在座椅背后的口袋里。

(6) 把所有物品和行李袋放在座椅底下或行李箱内。

图 9-13　高跟鞋、皮鞋放入行李架

（七）检查和固定设备，清理出口和通道

(1) 检查所有出口，确保其处于待用状态。

(2) 检查所有卫生间，确保无人使用并锁好门。

(3) 固定厨房设备，关闭厨房电源。

(4) 取下客舱内所有隔帘，打开遮光板。

(5) 从行李架上取下大的、重的物品放在厕所内锁好，并将行李箱扣好。

(6) 检查旅客的安全带是否已经系好，收起小桌板、脚垫，调直椅背，如图 9-14 所示。

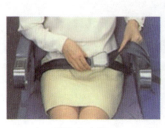　　

系好安全带　　　　　　　　　收起小桌板　　　　　　　　　调直椅背

图 9-14　检查固定设备

(7) 关闭娱乐系统。

（八）乘务员自身准备

(1) 脱下高跟鞋、皮鞋。

(2) 取下锐利物品。

(3) 摘下围巾和领带。

(4) 打湿头发。

（九）作最后准备

(1) 重新检查客舱／厨房。

(2) 审阅应急撤离职责。

(3) 调暗客舱灯。

(4) 坐在折叠椅上，系好安全带和肩带。

(5) 主任乘务长确认各位乘务员准备情况，报告机长。

(6) 做好防冲撞准备。

（十）防止冲撞的安全姿势

1. 面向机尾方向就座的乘务员

(1) 系好肩带和座椅安全带，双臂挺直，手抓座椅边缘，头紧靠椅背，两脚平放用力蹬地。

(2) 系好肩带和座椅安全带，双臂交叉，手抓肩带，头紧靠椅背，两脚平放用力蹬地。

如图 9-15 所示。

图 9-15　面向机尾方向就座的乘务员

2. 面向机头方向就座的乘务员

系好肩带和座椅安全带，双臂挺直收紧下颚、双臂交叉于胸前，双手用力抓紧肩带上的防滑扣，两脚平放用力蹬地，如图 9-16 所示。

3. 成年旅客

（1）上身挺直，收紧下颚，双手用力抓住座椅扶手，两脚用力蹬地。系好安全带，如图 9-17 所示。

图 9-16　面向机头方向就座的乘务员　　图 9-17　成年乘客在紧急情况下采用的姿势 (1)

（2）两臂伸直交叉，紧抓前方座椅靠背，头俯下，两脚用力蹬地，系好安全带，如图 9-18 所示。

图 9-18　成年乘客在紧急情况下采用的姿势 (2)

4. 婴儿

将婴儿斜抱在怀里,婴儿头部不得与过道同侧,婴儿面朝上,弯下腰,俯下身,两脚用力蹬地;或一手抱紧婴儿,一手抓住前面的椅背,低下头,两脚用力蹬地。

5. 特殊旅客(肥胖、孕妇、高血压、身材高大者)

双手紧抓座椅扶手,或双手抱头,同时收紧下腭,两腿用力蹬地,系好安全带。

6. 儿童

对于双脚不能着地的儿童,将双手掌心向上压在腿下,弯下腰,系好安全带。

7. 导盲犬

(1) 为了防止导盲犬被撞出,在隔板区域、旅客前面的座椅底下,铺上枕头和毛毯。

(2) 建议旅客卸下导盲犬的挽具并套上皮套。

(3) 当把导盲犬弄到滑梯上时,应当由主人来负责牵住。

(十一)撤离时的指挥

(1) 带班乘务长下达机长命令。

(2) 一名区域乘务长或乘务员先下飞机负责地面(水上)指挥。

(3) 乘务员打开可以使用的舱门后,要迅速拉动人工充气手柄,用双臂封住机门出口,判断滑梯/救生船充气状况。充气完毕,指挥旅客撤离。

(4) 如果所负责的门和出口不能使用,迅速指挥旅客到其他出口撤离。

(5) 陆地撤离,指挥旅客"一个接一个跳、滑";海上撤离,提醒旅客上船前"为救生衣充气"。

(十二)跳滑梯安全姿势

(1) 正常人从滑梯撤离,应是双臂平举,轻握拳头,或双手交叉抱臂,从舱内跳出;落在梯内时,手臂的位置不变,双腿及后脚跟紧贴梯面,收腹弯腰直滑到梯底,站起跑开。

(2) 抱小孩的旅客,将孩子抱在怀中,坐着滑下飞机。儿童、老人和孕妇也应坐着滑下飞机,但在梯面的姿态与正常人相同。

(3) 伤残旅客、行动不便旅客根据自身的情况,坐滑或由援助者协助坐滑撤离,如图 9-19 所示。

图 9-19 跳滑梯安全姿势

（十三）旅客撤离飞机后清舱

（1）旅客撤离完毕，各区域乘务员清理所负责的舱段，确认无人后报告乘务长，在其他区域也无须帮助后，即可撤离。

（2）乘务长陆地迫降从飞机的后门撤离，水上迫降从 R1 门撤离。

（3）机长做飞机客舱检查，最后一个撤离飞机。

（十四）撤离时间

陆地撤离时间为 90 秒钟，此时间是从飞机完全停稳到机上最后一个人撤离为止的时间。

（十五）逃离方向的选择

（1）陆地撤离应选择在风上侧躲避，远离飞机至少 100m，如图 9-20 所示。

（2）水上撤离应选择在风下侧躲避，离开燃油区和燃烧区，如图 9-21 所示。

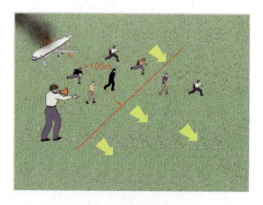

图 9-20　陆地撤离方向

图 9-21　水上撤离方向

（十六）乘坐救生船的平衡方式

（1）先坐救生船尾部，再坐前部。坐在船上时应双腿伸直，背靠船舷，一个紧挨着一个。

（2）圆形救生船，依照先坐外圈再坐里圈、先坐远端后坐近处的原则。

（3）需要移动时应提醒其他人，注意并保持低姿态爬行。

（十七）救生船与机体分离顺序

一般情况下，L1 门船和尾部舱门船最先与机体分离，R1 门船最后与机体分离，其他各船上满人后即可与机体分离。

（十八）飞机入水后的状况

（1）一般情况下，飞机头部高、尾部低。

(2) 飞机在水面漂浮时间最长不会超过 60 分钟。一般情况为 20 分钟，最少 13 分钟。

(3) 机上人员必须在 13 分钟内撤离完毕。

（十九）水上迫降

1. 救生衣的使用方法

(1) 儿童在撤离机门前，救生衣必须充一半气。

(2) 婴儿在被抱离座位后为救生衣充气，并将救生衣的带子扣在成人救生衣的扣环上。

(3) 成年人救生衣在撤离机门时才能充气（因为充气后的救生衣不易经过应急出口，而且如果飞机很快沉入水中，对于穿着充气救生衣的乘客来说，很难迅速到达出口处）。

2. 使用救生衣的注意事项

(1) 救生衣必须穿在所有衣服的外面，以便于和水面上其他物体区分，容易获得帮助。

(2) 告诉旅客，机组人员的救生衣是橘红色的。

3. 释放救生船

(1) 当旅客和机组人员上船后，负责释放救生船的乘务员应马上切断船与机体的连接线。

(2) 指挥旅客划水，使救生船尽快地离开飞机。

4. 营救落水者

(1) 立即寻找落入水的幸存者。

(2) 利用船上的救生设备营救到船上。

(3) 对伤势严重者实施急救。

5. 联结各船，固定船的位置

(1) 离开燃油泄漏区和燃烧区后，应将所有的船只联结在一起。

(2) 抛出海锚，固定船的位置。

6. 做好营救和自救工作

(1) 取出救生包。

(2) 救生船和人员不要离飞机太远，因为大部分搜寻求援工作是在飞机附近进行的（飞机的目标要比船只和人员大得多，同时飞机遇难的地方是外界收到的最后信息点，容易被发现）。

(3) 如果有可能，尽量使一家人在一起。

(4) 离开飞机时应带些小毯子及保暖的衣物。

（二十）异常情况下的撤离

通常情况下，机长发出撤离口令，机上人员才能撤离。但有时驾驶舱内会发生异常情况，使驾驶员失去指挥能力，乘务长应紧急呼叫驾驶舱，若30秒钟得不到指令，在下列情况出现时有权实施撤离：

(1) 机体明显破损。

(2) 烟雾火灾无法控制。

(3) 燃油严重泄漏。

(4) 飞机进水。

案例分享

案例：关于安全撤离（陆地撤离）

2019年3月4日，国航CA983航班（北京—洛杉矶，波音777-300ER执飞）北京时间21:13从北京首都国际机场起飞。在俄罗斯空域飞行过程中，飞机出现后货舱火警信息，机组按照火警处置程序及时进行处置。为确保安全，该航班于北京时间3月5日2:55就近安全备降俄罗斯阿纳德尔机场，并实施紧急撤离程序，人机安全。落地后经检查，飞机货舱正常且无过火痕迹，初步判断为飞机火警信息故障。国航已调配飞机前往俄罗斯阿纳德尔机场做好旅客后续运输工作，由此给旅客带来的不便，国航深表歉意。

航班因"火警"备降的事情时有发生，真的需要紧急撤离吗？在这一点上，飞机制造商和航空公司的要求是一致的：飞行员不用确认真假，必须按照真实警告来处置。

(1) 遇"火警"警报的处置流程

火警信号的处置，在空中和地面是两个概念。如果在空中出现，以确保安全为首要前提，不用判断，直接按照真的警告处置。根据QRH快速检查单（飞行过程中的重要指导性文件），出现"火警"以后，大部分的程序要求选择最近的合适机场备降或者尽快着陆。

(2) 备降之后，该不该组织撤离？

根据QRH快速检查单提示，强调尽快离开飞机，确保人员安全，离开飞机前不要打开货舱门进行灭火。

(3) "飞机火警信息故障"可能存在的原因

货舱火警的探测采用的是烟雾探测组件，探测组件是由控制通道、风扇和探测器组成的串联环路。为了减少故障的可能，每个烟雾探测组件都通过安装相同的重复部件来减少失效或误判的可能。每个组件都包含两个风扇、两个控制器和三个探测器。当同一环节的所有组件都失效或故障时，系统才会失效或故障。造成"误报"的原因有多种，除组件自身的故障外，粉尘等可能造成折射率变化的因素也是可能的原因。

从民航发展史上广受关注的撤离事件，可以充分看出火警警报后必须尽快降落并撤离的重要性。

2007年8月20日，中华航空120号航班在那霸机场滑行时，发动机起火。机组立即发出紧急撤离指令，所有乘客及机组用最快速度通过滑梯疏散，安全逃生。随后飞机发生3次大爆炸，机长最后通过驾驶舱窗户逃生。所有人员无一死亡。此次国航事件中，机组选择备降并实施紧急撤离程序，确保了人员的安全，可以说是坚守责任、护航安全的成功典范。

练习题

1. 熟记应急处置的基本原则。
2. 水上迫降哪个出口一般不使用，其他出口要看飞机浸水情况而定？
3. 特殊旅客安排在客舱什么区域？同一排座椅不能同时安排哪些旅客？
4. 乘务员迫降前自身准备需要完成哪些工作？请列举说明。
5. 演示说明乘务员防止冲撞的安全姿势。

第二节　有准备撤离

应急撤离，分为陆地撤离和水上撤离两种。从准备撤离的时间上，可分为有准备的紧急撤离、有限时间准备的紧急撤离、无准备的紧急撤离。飞机遇险需要紧急撤离时，飞行机组和乘务组都有相应的预案和应急操作程序。

一、有准备撤离步骤

有准备的紧急撤离包括以下步骤：

(1) 机长通知主任乘务长应急迫降的信息，包括紧急情况的性质、迫降地点、准备的时间、当前时间、采取防冲击姿势的信号等。

(2) 乘务长可以采取召集乘务员面对面对话形式，把机长的决定和相关信息传达给每位乘务员。

(3) 机长、乘务长广播通知旅客迫降的决定。

女士们、先生们，请注意：

现在是乘务长广播。机长决定采取陆地（水上）迫降，对于处理这种情况，全体机组人员都受过良好的训练，有信心、有能力保证你们的安全。请您回座位坐好，保持安静，注意听从乘务员的指挥。

Ladies and Gentlemen,

Attention: This is the chief purser. We are forced to make an emergency landing (ditching). The crew has been well trained to handle this type of situation. We assure you that you'll be safe with us. Please be seated and keep calm. And follow the flight attendants' directions.

(4)厨房乘务员关闭厨房电源及娱乐系统,固定厨房设备。

(5)客舱乘务员安全检查:收直椅背、扣好小桌板、系好安全带、关闭卫生间。

女士们、先生们:

请将您的餐盘和其他服务用具准备好,以便乘务员收取。

请调直座椅靠背,固定好小桌板(收起脚踏板/关闭娱乐系统),并系好安全带。

Ladies and Gentlemen,

Please get all your tray sets and other service items ready for passing to the cabin attendants.

Place your seat back to the upright position, try table and footrest should be closed, turn off the enterainment system, and keep your seatbelt fastened.

(6)选择援助者,调整旅客座位。

女士们、先生们:

如果您是航空公司的雇员、执法人员、消防人员或军人,请与乘务员联系,我们需要您的协助。

Ladies and Gentlemen,

If you are airlines staff, fire fighter or soldier, please let us know. We need your help.

(7)广播介绍撤离出口位置及撤离路线。

女士们、先生们:

地板上(靠近地板)的应急撤离路线灯把您引导到出口处。白色为撤离路线指示灯,红色为出口指示灯。请确认至少两个以上的出口。

应急撤离时,请从最近的出口撤离,不要携带任何物品。

在到达出口时,打开救生衣的充气阀门(水上迫降)。

Ladies and Gentlemen,

The emergency lights on the floor will direct you to the exit. White lights mark the escape path and the red ones, the exits. Please locate at least two of the exits.

When evacuating, please leave the aircraft by the nearest exit and do not take any baggage.

Inflate your life vest at the exit.

(8) 取下锐利物品，放松衣服，存放好行李，不要把东西放在座位前面的座椅袋里，如图 9-22 所示。

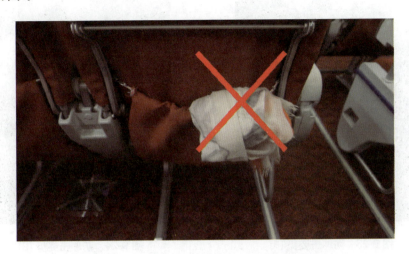

图 9-22　不要把东西放在座位前面的座椅袋里

女士们、先生们：

　　为了撤离时您的安全，请取下随身的尖硬物品，如钢笔、发夹、小刀、手表和首饰，解下领带和围巾，脱下高跟鞋，把这些物品放入行李架内，眼镜、假牙和助听器放在上衣口袋内里。

　　请不要把任何东西放在您前面的座椅袋里。

　　所有行李请放在座位底下或行李箱内。

Ladies and Gentlemen,

　　For safety during the evacuation, please take away sharp objects such as pens, barrette, watches and jewelries items, untie things like tie and scarves, take off high-heeled shoes and put them all into your luggage. Eyeglasses, denture and deaf-aid should be put into your coat pocket.

　　The seat pocket in front of you should be kept empty. Please stow all your baggage in the overhead compartment or under your seat.

(9) 广播表演防冲击姿势。

女士们、先生们：

　　为了您的安全，现在乘务员将向您介绍两种防冲击姿势。

　　第一种：上身挺直，收紧下颚，双手用力抓住座椅扶手，两脚用力蹬地，如图 9-23 所示。

　　第二种：两臂伸直交叉，紧抓前方座椅靠背，头俯下，两脚用力蹬地，如图 9-24 所示。

图 9-23　防冲击姿势 (1)

图 9-24　防冲击姿势 (2)

当听到:"全身紧迫用力!"的口令时采取这种姿势,直到听到"解开安全带"的口令为止。

飞机着陆时,会有多次撞击,保持这种姿势直到飞机完全停稳。

Ladies and Gentlemen,

Now, the cabin attendant will show you two kinds of safety position.

First, keep the upper part of your body upright and strained; grasp the arms of your seat with your two hands firmly; and place both your feet firmly on the floor.

Second, stretch both your arms and cross them on the seat back in front of you; lower your head and place both your feet firmly on the floor.

Take one of these positions when you hear "brace!" until you hear "unfasten seatbelt!"

During emergency landing (/ditching), there will be a few impacts. Take your brace position until the aircraft comes to a complete stop.

(10) 救生衣演示 (水上迫降)。

女士们、先生们:

现在乘务员将向您演示救生衣的使用方法,请旅客们随同乘务员的演示穿上救生衣,但请不要在客舱内充气。注意:不要在客舱内充气。

救生衣在你座位底下。取出并撕开包装,将救生衣经头部穿好。将带子扣好,系紧。

当您离开飞机时,拉动救生衣下部的两个红色充气手柄,但在客舱内不要充气。

充气不足时,可将救生衣上部的两个人工充气管拉出,用嘴向里吹气。

（在夜间）最后拔掉电池销。

Ladies and Gentlemen,

Now, the cabin attendant will demonstrate how to use life vest. Please put on your life vest as directed, but do not inflate them in the cabin.

The life vest is under your seat. Take it out and unwrap it, slip it on over your head. Fasten the buckles and pull tightly.

When you leave the aircraft, pull the red tab to inflate. Please do not inflate it while in the cabin.

If your vest needs further inflation, you can pull out the two mouthpieces in the upper part of the vest and blow into them.

(At night) at last, please pull off the seal of battery.

(11) 重新检查固定客舱、厨房设备，清理出口和通道。

女士们、先生们：

当乘务员发出"全身紧迫用力"的命令时，您要做好防冲击姿势，并保持防冲击姿势直到飞机完全停稳。当您听到"解开安全带"的命令时，解开安全带，听从客舱乘务员的指挥进行应急撤离。应急撤离时，不要携带任何物品。

（水上撤离）在到达出口时，打开救生衣的充气阀门。

Ladies and Gentlemen,

You will take brace position for impact when you are given the command "brace". Keep brace position until the aircraft comes to a complete stop. Then unfasten your seatbelt and evacuate from the exits as directed by the flight attendants. Don't take any baggage in evacuation. Inflate your life vest at the exit.

(12) 乘务员自身的准备。

(13) 最后确认乘务组准备工作完成后，报告主任乘务长。

(14) 当乘务组准备工作完成后，报告机长："乘务组和客舱准备工作完毕。"

二、防止冲撞

(1) 当飞机下降到2000英尺时，机组报告："2000英尺"，乘务员必须坐在值勤位置，系好安全带和肩带，齐声高喊口令"系好安全带"。

(2) 当飞机下降到500英尺时，机组报告："500英尺"，乘务员齐声高喊口令"全身紧迫用力""BRACE"，直至飞机停稳，如图9-25所示。

图 9-25 发出防冲击口令

三、准备撤离

（1）当飞机着陆（水），判断飞机完全停稳后，机长宣布"撤离"，如果广播系统失效，撤离警告鸣响或应急灯亮，乘务员立即实施"五步法"组织旅客撤离，如图 9-26 所示。

图 9-26 准备撤离

① 乘务员口令"解开安全带、不要动"。

② 观察外面情况。

③ 打开所需要的舱门和出口。

④ 拉人工充气手柄。

⑤ 封门（确认滑梯充气状况）。

(2) 指挥旅客撤离，远离飞机。

(3) 旅客撤离完毕，乘务员、区域乘务长、主任乘务长检查客舱后，报告机长。乘务长、机长最后离开飞机。

(4) 撤离时，根据各自职责带好必需物品。

四、撤离飞机后的工作

(1) 把旅客安排在远离飞机的安全位置。

(2) 清点旅客和机组成员人数，报告机长，如图9-27所示。

(3) 组织救治伤者。

(4) 使用求救设备。

(5) 如果可能的话，设置一名警卫以确保邮件、包裹或飞机的各部分不受干扰。

图9-27 清点人数，报告机长

五、水上迫降

水上迫降除了完成上述工作外，还要完成下列任务。

(1) 广播、示范、协助旅客穿好救生衣。

(2) 上船前将救生衣充气。

(3) 机上人员全部上船后，释放救生船。

(4) 向风下侧滑离燃油区和燃烧区。

(5) 到达安全区后，完成以下工作：

① 营救落水者。

② 联结各船，抛海锚固定船的位置。

③ 清点人数。

④ 救治伤者，照顾幸存者。

⑤ 使用求救设备。

练习题

1. 应急撤离，通常有哪两种撤离形式？

2. 主任乘务长从机长那里获取哪些应急迫降的信息？

3. 厨房乘务员得到应急迫降的信息后做哪些工作？

4. 为了撤离时旅客的安全，取下随身的尖硬物品，脱下高跟鞋，把这些物品放在何处？

5. 当飞机下降到 2000 英尺时，机组报告："2000 英尺"，乘务员必须坐在值勤位置，系好安全带和肩带，齐声高喊什么口令？

6. 机上人员撤离飞机后，乘务员把旅客安排在远离飞机的安全处，之后还要做哪些工作？

第三节　无准备撤离

无准备的应急撤离通常指在飞机起飞或着陆时，没有时间做充分准备，可能发生在地面或水上的应急撤离。因此，飞行乘务员必须在出现第一个撞击迹象时做出反应。采取措施如下。

(1) 迅速做出判断。

(2) 发出"系好安全带！不要动！""低头、弯腰""全身紧迫用力"口令，直至飞机安全停稳。

(3) 呼叫驾驶舱机长，协调紧急撤离，听从机长口令。

(4) 确认或打开应急灯。

(5) 主任乘务长 / 区域乘务长 / 乘务员在下列情况下可以发出应急撤离口令：

① 机体明显破损。

② 烟雾火灾无法控制。

③ 燃油严重泄漏。

④ 飞机进水。

(6) 水上迫降,穿好救生衣。
(7) 开门前观察门外情况。
(8) 开门后,观察滑梯/救生船充气状况。
(9) 指挥旅客不要带任何物品撤离,远离飞机。
(10) 撤离后执行有准备撤离程序。

练习题

1. 无准备的应急撤离通常发生在飞行的什么阶段?

2. 发生在飞机起飞或着陆阶段的无准备应急撤离时,没有时间做充分准备,可能在什么地方发生应急撤离?

3. 飞行乘务员必须在出现第一个撞击迹象时做出反应,要采取哪些措施?

第四节 应急撤离广播及指挥口令

在广播和演示时,应打开客舱内的所有灯光,固定好窗帘,关掉娱乐系统。

一、有准备陆地迫降

1. 进行广播

女士们、先生们:

我是本次航班乘务长,现在继续代表机长广播。由于机械故障,机长决定在___分钟后进行陆地迫降。请保持安静,听从乘务员指挥,进行下列准备。

Ladies and gentlemen:

This is your chief purser speaking. Further to the captain's announcement, Please keep calm and carry out the following preparations.

2. 选择援助者 (Select Assistant)

女士们、先生们:

如果您是航空公司雇员、消防人员、军人或执法人员,请与乘务员联络,我们需要您的帮助。

Ladies and gentlemen:

If you are airline staff, fire fighter, army man or policeman, please contact the cabin attendant. We need you help.

3. 撤离出口介绍 (Emergency Exits)

女士们、先生们：

现在乘务员将告诉您最近的应急出口位置，这个出口可能就在您的周围，请确认至少两个以上的出口。在指定的出口不能撤离时，请尽快转移到其他出口。不要带任何行李。

Ladies and gentlemen：

Now, the cabin attendant will show you the location of the nearest emergency exits that may be around you. Please locate at least two of them. If that exit cannot be used, please quickly move to another one.

4. 取下锐利物品 (Objects Removal)

女士们、先生们：

为了疏散时的安全，请取下随身携带的尖锐物品，如眼镜、假牙、项链、钢笔、圆珠笔、手表等，摘下领带、丝巾；脱下高跟鞋、皮鞋和带钉子的鞋，放在行李箱内；座椅背后口袋内不要放任何物品。请听从乘务员的指挥。

Ladies and gentlemen：

For safety during the evacuation, please remove your glasses, dentures, neckties, pen, jewelry, high-heeled shoes and other sharp objects. Please keep them in your baggage or follow the instructions of the cabin attendants. The pocket in front of you should be kept empty.

5. 防冲击姿势说明 (Safety Positions Demonstrations)

女士们、先生们：

为了您的安全，请扶直椅背，系好安全带，现在由客舱乘务员向您演示两种防冲击姿势。

Ladies and gentlemen：

Place your seat back in fully upright position and fasten your seat belt tightly. We'll show you how to brace for impact.

第一种：上身挺直，收紧下颚，双手用力抓住座椅扶手，两脚用力蹬地。

First, keep the upper part of your body upright and strained, grasp the arms of your seat with your two hands firmly, step on the floor with your feet firmly.

第二种：两臂伸直交叉紧抓前面座椅靠背，头俯下，两脚用力蹬地。

Second, stretch both your arms and cross them on the seat back in front of you, lower your head as much as possible, step on the floor with your feet firmly.

其他防冲击姿势由客舱乘务员对第一排的旅客和个别旅客进行单独指导。

Cabin attendants will direct the other special brace positions.

6. 注意事项 (Cautions)

女士们、先生们：

当听到"全身紧迫用力！"的口令时，要做好防冲击姿势。当飞机没有完全停稳时，请保持防冲击姿势。当飞机停稳后，请按乘务员的指挥进行紧急撤离。

Ladies and gentlemen：

Take the "Brace-for-Impact" position when you hear "heads down, brace!" until the aircraft comes to a complete stop and only then proceed to the emergency exits as directed by the flight attendants.

谢谢！
Thank you!

二、乘务员指挥口令

状　态	口　令
飞机下降机长宣布"2000英尺"时	系好安全带！（三遍） Fasten seat belt!
飞机下降机长宣布"500英尺"时	弯腰、低头、紧迫用力！（三遍） Bend over! Brace!
飞机停稳后机长宣布"撤离！"乘务员迅速①解②观③开④拉⑤封门	解开安全带！不要动！（一遍） Release seat belt! Stay there!
出口已经打开，确认滑梯可以使用	撤离！快！到这边来！ Evacuate！ Come here! Come this way!
指挥旅客撤离期间	快！快！Faster! Faster! Go! Go!
当客舱充满烟雾，指挥旅客撤离时	低头！捂住口鼻！随着声音来！跟着灯光走！ Stay down! Cover your nose! Follow me! Follow the emergency light!
当旅客通过出口时	一个接一个！跳！（特殊乘客坐、滑） Jump slide！one by one!
当出口不能使用时： ①门被堵住或舱门手柄卡住变形、舱外有火、烟、水，乘务员面向客舱双臂合十封住舱门时； ②门已打开，但无滑梯的情况下，乘务员面向舱外双手抓住舱门辅助手柄时	此门不通！到对面去！ No exit here! Go across! 到前面去！到后面去！ Go forward! Go back!
遇到无计划的紧急冲撞时	系好安全带！弯腰低头，紧迫用力！ Fasten seat belt! Bend over! Brace!
当飞机紧急着陆后，机长指示不用撤离时	不要惊慌！坐在座位上！ Don't panic！Stay on your seat!

练习题

1. 熟读有准备陆地迫降程序广播词。
2. 背诵并使用肢体语言模拟演练不同状态下乘务员中英文指挥口令。

第十章
野外生存

本章提示：据统计，全世界每年约有几十次空难事件和几百次海难事件，遇难人员因此而散落到不同环境。于是，人们亟待了解：一旦遇险，该如何自救脱险或等待救援？遇险后又该如何求生？

第一节　陆　地　生　存

当飞机遇险发生在偏僻山地或荒无人烟的地区时，在救援人员还不能马上赶到之前，幸存者掌握求生和自救的方法是十分必要的。

人类在面临各种险情时，只有12%～25%的人能镇定自若，而50%～70%的人会发生"心理性休克"。同样在恶劣环境中，为什么有些人精神崩溃、手足无措，有些人则临危不惧、死里逃生？这是"野外生存学"研究的一项重要课题。其关键在于是否掌握生存的技巧，有没有强壮的体魄和坚定的求生意志。"野外生存学"研究的结果告诉我们：威胁生命的主要因素有10种，即饥饿、缺水、严寒、酷暑、热辐射、缺氧、动物伤害、中毒、疾病、负伤。人们必须掌握的主要生存技巧有12种，即行、住、食、生火、取水、漂浮、急救、联络、定向、自卫、狩猎、捕鱼。这些生存技巧包含了环境学、生理学、卫生学、心理学以及天文、地理、气象、物理、化学等众多学科的知识。

一、撤离后的组织

(1) 首先远离飞机，避免再生性侵害。

(2) 集合并清点幸存人数，将其分为几个小组，每组人数约10～25人。

(3) 每组指定一名组长负责管理，总的任务由机组人员下达，具体任务由组长分配给每一个人。

(4) 对伤者施行急救，并请求旅客中的医务人员提供援助。

(5) 当发动机冷却、燃油蒸发、火已熄灭时，设法返回飞机。

(6) 利用现有材料搭设临时避难所。

(7) 准备好发送求救信号的设备。

二、建立避难所

1. 天然避难所

天然避难所主要有以下几种：

(1) 山区和岩岸边的山洞。

(2) 凸出的大岩下边。

(3) 树、树枝及雪。

2. 飞机避难所

飞机避难所包括以下几部分：

(1) 完整的机身。

(2) 机翼和尾翼。

(3) 滑梯。

(4) 机舱内的塑料板及绝缘板。

3. 修建避难所注意事项

(1) 山洞作为避难所时，要记住里面可能会很潮湿，同时可能会有其他生物存在。

(2) 冬季时，不宜依靠机身修建避难所，原因是金属散热过快。

(3) 避免在低洼潮湿的溪谷处修建避难所，防止被洪水冲走。

(4) 倒下的死树及树下不宜修建避难所。

(5) 不宜在茂密及较深的草木丛林中修建避难所。

三、信号与联络

1. 应急发报机及救命包内的信号设备

要充分利用应急发报机和救命包内的信号设备与外界联络。

2. 自制求救设备

在比较开阔的地面，如草地、海滩、雪地上可以制作地面标志。如把青草割成一定标志，或在雪地上踩出一定标志；也可用树枝、海草等拼成一定标志，与空中获得联络。

国际民航统一规定的地空联络符号有：SOS(求救)，SEND(送出)，DOCTOR(医生)，HELP(帮助)，INJURY(受伤)，TRAPPED(发射)，LOST(迷失)，WATER(水)。

3. 火

火在白天和夜间都可作为信号。连续点燃三堆火，中间距离最好相等。白天可燃烟，在火上放些青草等产生浓烟的物品，每分钟加6次；夜晚可燃旺火。

三堆火组成的三角形信号是一种国际遇难信号。

4. 烟雾

当在晴朗无风的日子里或是白雪覆盖时，可用白色、黑色烟雾作为信号。三个烟柱组成的三角形也是一种国际遇难信号。晴天使用白烟，雪地、阴天使用黑烟。

5. 手电筒

在夜间可以利用手电筒作为信号，在很远的地方可以看到。国际通用的 SOS 求救信号是三次短闪、三次长闪、三次短闪。

6. 地对空求援符号

(1) 利用树丛、树叶、石头、雪等天然材料堆成各种求援符号，以吸引来自空中的救援人员的注意。

(2) 国际公认的求援符号有以下五种：

① "V"字表示求援者需要帮助。

② "箭头"表示求援者行进的方向。

③ "X"表示幸存者需要医疗救护。

④ "Y"或"N"分别代表"是"或"不是"。

⑤ "SOS"表示请求援助我们。

7. 发信号注意事项

(1) 做好发信号的一切准备，并保证其有效性。

(2) 应保证铺设的信号在二十四小时内都有效，因为信号在昼间大部分时间内都有阴影，所以铺设方向应为东西方向。其线条宽度为 3 英尺，长度不短于 18 英尺，并定时检查。

(3) 所有信号的发出和铺设应在开阔地带，可能的情况下多准备几种信号。

(4) 用火作为信号时，应选择离其他树较远的孤立稠密的常青树，避免引燃森林火灾。

(5) 保护好信号材料不受冷受潮。

(6) 烟雾和反光镜是仅次于无线电的最佳联络手段。

(7) 任何异常的标志和不同的颜色在空中都能发现。

四、饮水

在生存中，水比食物更为重要，水是人生存的必需品。

1. 水源

(1) 当从飞机上撤离下来时，应尽可能地带水和饮料。

(2) 附近的河流、湖泊、池塘、山泉等。

(3) 在沙丘之间的凹处进行挖掘，可能会发现水。

(4) 干枯河床下面常常有水。

(5) 雨水和露水。

(6) 热带丛林的植物也富含水分。

(7) 在寒冷地带，融化纯净后的冰和雪的水。

(8) 鸟群经常在水沼上飞翔。

(9) 顺着动物的足迹和粪便等找水源，在沙漠区也是如此。

2. 饮水注意事项

(1) 不干净的水最少煮 10 分钟后方可饮用。

(2) 河流、湖泊、池塘、山泉等水源，需消毒后饮用。

(3) 不要直接食用冰和雪解渴，因为冰和雪会降低体温，或造成更严重的脱水。

(4) 丛林植物中的乳汁状的汁液不能喝，可能有毒。

(5) 不要饮用尿液。

(6) 减少活动，避免体液损失。

(7) 飞机上带下的水和应急水应放在最后使用。

(8) 合理分配用水量。

(9) 沙漠中的湖泊和水坑的水如含有盐碱味，不要饮用。

五、食品

在野外生存中，食物与水相比并不是最重要的。一个幸存者不吃东西，光靠水和本身脂肪也能生存一段时间，当需要吃食物时，可以从周围的环境中获取。

1. 食物的来源

(1) 在不影响撤离速度的情况下，尽可能从飞机上带下可用食品。

(2) 从昆虫身上获取食物。

(3) 猎捕野兽和鸟类作为补充食物。

(4) 捕食鱼类。

(5) 采摘野生藤本植物。

(6) 捕捉爬行动物。

(7) 飞机货舱内可食用的货物。

2. 进食注意事项

(1) 应急食品要放在最迫不得已时再食用。

(2) 昆虫除蝗虫外，都可生吃，但烧烤后味道更好，吃时要去掉胸腔、翅膀和腿，但不要食用蜈蚣、蝎子、蜘蛛、苍蝇、红蚁、虱子和蚊子。

(3) 食用鸟类及兽肉之前，应先放血，去皮取内脏，然后经烧烤后食用，在取内脏时不要碰破胆囊，并将多余的肉储存。

(4) 淡水鱼一定要先将其煮熟后食用。

(5) 野生藤本植物作为最后的求生食品时，一要熟悉其属性，二要在食用前先分辨一下是否有毒。有毒的植物可能会有下列现象：

① 触摸后有刺痒感及红肿。

② 折断的树枝叶上有乳汁样的汁液流出。

③ 嚼在嘴中有烧灼感，感觉辛辣苦涩或滑腻。

但不是所有有毒的植物都有怪味，有时是香甜味。如咀嚼8小时后无特殊感觉，就可放心食用。

(6) 野蘑菇（杂菇）生于山坡草原或旷野草丛中，在不能辨别其是否有毒的情况下，不要食用。

六、取火

火是野外生存的基本需要之一，它可以取暖、做饭、烘干衣服、防止野兽的袭击和作联络信号。

1. 生火的必备条件

生火的一般顺序是从火花到引火物，再到燃料。

(1) 火花源。下列材料常用火花源。

① 火柴。

② 抽烟用的打火机。

③ 火石和小件钢制品。

④ 信号弹——最佳火种，但是最后的手段。

⑤ 电瓶——但不要在飞机附近使用。

⑥ 放大镜。

(2) 引火物。

作为引火物的材料应细些，保持干燥和高度易燃。下列材料常用作引火物：

① 棉绒。

② 纸绒。

③ 脱脂棉。

④ 蘸过汽油的抹布。

⑤ 干枯的草和毛状植物。

⑥ 鸟的羽绒以及鸟巢。

(3) 燃料。

凡是可以燃烧的东西都可以作为燃料，并可以混合在一起使用。在准备燃料时，一定要尽可能地使之充足够用。下列材料常作用燃料：

① 干燥的树枝枯枝。

② 灌木。

③ 捆成束的干草。

④ 干燥的动物粪便、动物脂肪。

⑤ 地面裸露的煤块。

⑥ 飞机上的汽油和滑油。

2. 火场的设置

火场最好设置在沙土地和坚硬的岩石上。如要丛林中生火，要尽可能选择林中的空地上，同时要清除周围地面上的一切可燃物，如树枝、树叶、枯草等，还要在近处准备好水、沙子或干土，以防引起森林火灾。

如果是在雪地、湿地或冰面上生火，可先用木头或石块搭一个生火的平台。作为取暖用的火，可利用天然的沟坎，或用圆木垒成墙，以利于将热量反射到避难所中。

3. 成功取火的条件

成功取火需具备以下条件：

(1) 经常保持足够的火花源并使其始终干燥。

(2) 要为第二天准备足够的引柴和燃料，并用干燥的东西将其盖好。

(3) 点火时火种应在引火堆的下风向。

七、毒蛇咬伤后的急救

世界上已发现毒蛇650种，我国有50种，常见的毒蛇有眼镜蛇、银环蛇、五步蛇、蝰蛇、蝮蛇、竹叶青蛇、眼镜王蛇、金环蛇、海蛇、烙铁头等10种，前面4种多见。

(1) 毒蛇和非毒蛇的区分：通常观察伤口上是否有两个较大或较深的牙痕——此为毒牙印，可判断是否为毒蛇咬伤。若无毒牙印，并在20分钟内没有局部疼痛、肿胀、麻木和无力等症状，则为无毒蛇咬伤。被蛇咬伤后，需消毒、止血、包扎。

(2) 被毒蛇咬伤的主要症状有：伤口疼痛、局部肿胀、瞌睡、运动失调、眼帘下垂、瞳孔散大、局部无力、吞咽麻痹、口吃、流口水、恶心、呕吐、昏迷、呼吸困难，甚至呼吸衰竭，伤者可能在 8～72 小时内死亡。

(3) 毒蛇咬伤后的急救措施：一旦被蛇咬伤，首先坐下，尽量减少运动，避免血液循环加速。尽量辨认蛇的类型。如果确信是毒蛇咬伤，且咬伤时间在 5 分钟以内，并且医务人员要 30 分钟以上才能赶到，应切开伤口并吸出毒液，轻轻地用肥皂和水洗伤口。不要擦伤口，用布使其干燥。如果需移动病人，应抬着他，而不要让他自己走动，在现场立即用条带绑紧咬伤处近侧肢体，如足部咬伤者在踝部和小腿绑扎两道，扎紧以阻止静脉血和淋巴回流。将伤处浸入凉水中，逆行推挤使部分毒液排出。也可啜伤口（吸者无口腔病变），随吸随漱口。在运送途中，仍用凉水湿敷伤口，绑扎应在第 20 分钟松开 2～3 分钟（以免肢端淤血时间过长）。

八、陆地生存要点

(1) 充分休息，保存体力，每晚应睡 7～8 小时。

(2) 保持避难所的清洁，脏物应存放在离住处较远的地方。

(3) 尽可能地保持自身的清洁，以使自身处于良好的精神状态下。

(4) 应避免蚊虫叮咬，在阴冷的天气里，尽可能地保持身体干燥和温暖。

(5) 在身体条件允许的情况下，适当锻炼身体，但不要超量。

(6) 人员要集中，避免走散，随时清点人数。

案例分享

案例："4·15"空难

2002 年 4 月 15 日，波音 767-200 型客机于 8 时 37 分从北京首都国际机场起飞，预计飞行 2 小时后到达釜山机场。当时釜山机场大雾，能见度低。约 10 时 40 分左右，这架飞机在釜山机场附近坠毁。航班上载有旅客 155 人，飞行员 3 人，乘务员 8 人。死亡人数为 122 人，失踪 6 人，幸存者 38 人（机长、2 名乘务员和 35 名乘客）。

飞机在失事之前一切正常，按部就班地进入降落程序。很多乘客还没有醒来，或者正沉浸在飞机上播放的音乐之中。突然飞机的右起落架撞上了山体，机身在树丛中滑过，继而彻底撞在了山上。机身分裂，飞机剧烈震动，全部座位都被推向前方，所有的灯都熄灭，除机舱断裂的地方外，舱内非常昏暗。随之舱内开始起火，浓烟使人窒息。舱内很多东西都掉了下来。乘客的手臂或者腿被座位夹着，舱尾的人被落下的重物压住了身体。一些人被悬挂在机舱的座位上，舱体倒置，脚下就是树。很多人立刻死亡或者失去意识。

那些在第一时间内反应过来或者苏醒过来的人开始逃生。有人从舱顶爬出来，有人从断裂处逃出来，有人从正常的逃生口走出来。飞机发生了大小几次爆炸。救援人员赶到时，情况如图10-1所示。

【生还机组人员的证词】

中国人吴永根说，飞机降落通知播送1～2分钟之后，他就听到飞机撞树的声音。撞机后，他发现自己右前额在流血。他从舱顶爬出来，看到树在旁边，于是顺着树爬下来。他害怕飞机会爆炸，赶快跑下山，让山下一家小店的店主打求救电话，10分钟后救援队到达并把他送往医院。

同为49岁的坐在14A、14B的一对夫妇在患难中体会到了深情。坐在14A座的妻子醒来之后发现自己被倒挂在座位上，被安全带卡住了。非常幸运的是，坐在14B的丈夫还活着，她帮助丈夫解开了安全带，丈夫解脱了出来，但右臂却断了，所以无法帮助妻子解安全带，只能依靠左臂爬树下飞机，寻找救援人员。终于找到救援人员，让他们回去救妻子。说起来简直是奇迹，在等待的过程中，飞机爆炸不断，火也烧到妻子面前，但她竟然幸免于难。

图10-1 救援人员

【人性坚勇，场面若悲】

后舱生还者在第一时间通过裂缝和正常的逃生口逃出了飞机。为避免在飞机爆炸中受伤，他们逃到了地势较低的一片墓地。这片死者的家园却给他们提供了安全的保障。根据一位男子的说法，有一次爆炸像原子弹那样，火焰直喷天空。他们在墓区围坐在一起，相互安慰、帮助。为了给大家取暖，韩国教授李康太把自己钱包里的韩元拿出来点火。很多人互相拥抱取暖，还有人不断说话，提醒自己和对方不要睡着，以免死去。

他们用自己的腰带帮助腿部流血的人捆绑止血,还用香烟的锡箔纸贴在一个伤员头部的伤口。一位韩国青年向别人借了个手机,向外界打119求援。为了让救援队准确了解失事地点,他下山为救援队带路。

他们逃出飞机之后,一直下着雨,气温很低,一些人衣服被烧毁,必须互相拥抱取暖。

练习题

1. 同样在恶劣环境中,为什么有些人精神崩溃、手足无措,有些人则临危不惧、死里逃生?这就是什么学科研究的一项重要课题?
2. 人们必须掌握的主要生存技巧有哪12种?
3. 请简述利用飞机哪些材料可以搭设临时避难所。
4. 国际民航统一规定的地空联络符号 SEND、DOCTOR 分别代表什么?
5. 熟记国际公认的五种求援符号。

第二节 水上生存

地球表面大约75%的地方被水覆盖,而其中70%左右是海洋。所以可以假定,如果某一天你所乘坐的飞机遇险,被要求登上救生筏或救生船。你可能会穿过茫茫水域,在远海求生,需要面对海浪和海风,也可能会遇到酷热或严寒。为防止这些恶劣环境造成严重后果,必须尽快采取预防措施,利用可用资源保护自己不受天气、酷热、严寒或湿度的伤害。

一、海上生存的特点

(1) 海上缺乏参照物,难辨方向,不易发现目标,生存人员很难判断所处的位置。
(2) 风大浪高,平均风力3~4级,风大时可达10级以上。
(3) 缺乏淡水。
(4) 水温低。表面平均水温不超过20℃,有13%的水表温度为4℃以下。
(5) 海洋生物对人的伤害。

二、水中保暖

(1) 在冷水中尽量减少活动,保存体力,减少热量的散发。
(2) 减少冷水与人体的接触面,保持体温,以减少热量的损失。

(3) 保暖法：

① 小组聚集保暖法。3～10人就近围在一起形成一个面向中心的圆圈，手臂相搭，身体的侧面相接触，紧紧地围成一个圈儿。

② 单人保暖休息法。双腿向腹部弯曲，两手交叉抱住双膝于胸前。

(4) 水中保暖注意事项：不要在水中脱弃衣服鞋袜。身着薄衣的成年人在10℃的水中生存时间的估计，如表10-1所示。

表10-1　10℃水中生存时间

是否有救生衣	采用姿势	生存时间
无救生衣	踩水	2小时
有救生衣	游泳	2小时
有救生衣	保护姿势	4小时

三、饮水

淡水是生存中至关重要的必需品，有了水，才能保证身体的正常代谢。水占成人体重的60%～70%。一个人没有食物能活14天，没有水能活3天，没有空气能活8分钟，但这只是理论标准，能否生存下去，与个人的体质、意志力有关。幸存者感到干渴时，应尽量饮水以保证身体的正常需要。

1. 海水

海水是海上生存者面对的最大的水源，然而海水是不能直接饮用的，即使加入部分淡水也是不能饮用的。如果饮用就会增加脱水，对人体组织具有破坏作用，会引起许多器官和系统的严重损伤。因此，在海上生存中是禁止直接饮用海水的。

2. 淡水源

在船上生存时，如何确保淡水供应是一个大问题，解决这一问题的方法有以下几种：

(1) 离机前，尽量收集机上饮料带到船上。

(2) 收集雨水，利用船上的设备储存雨水。

(3) 收集金属表面的露水。

(4) 北半球海域的冰山是淡水的来源，但若靠近冰山要很小心，因为冰山翻转十分危险。

(5) 利用海水淡化剂淡化海水，使其成为可饮用淡水。

3. 饮水注意事项

(1) 先使用已有的淡水，再进行海水的淡化。

(2) 除非特别渴，否则在救生船上的第一个 24 小时不要喝水（婴儿和重伤员可适当分配点水）。如果水量有限，每天喝 16 盎司水。当雨水充足或 16 盎司不能满足需要时，每天可以喝 24 盎司或更多 (1 盎司约为 28.3 克)。

(3) 当淡水很少时，在下雨前只能用水湿润嘴和呷一点水。

(4) 为减少渴的欲望，可在嘴中含一个纽扣或口香糖，增加唾液。

(5) 不能抽烟，不能饮酒及咖啡因制品，避免体内水分的散发。酒可以留下用于外伤消毒止痛。

(6) 尽量少动，多休息，减少体内水分的消耗。

四、食品

1. 食物来源

(1) 在离开飞机前，应尽可能地收集机上的食品以备带上船使用。

(2) 飞机断裂后，货舱内散落在外，漂浮于水面上的可食用的货物。

(3) 海里的鱼类及海面上飞着的鸟。

(4) 救命包内的应急口粮。

2. 进食注意事项

(1) 水量多时，先吃蛋白食物；水量少时，吃碳水化合物。

(2) 鱼类是海上生存最大的食物来源，但不熟悉的鱼类不要食用。

五、寻找陆地

1. 确定陆地海岛的位置

(1) 在晴朗的天空，远处有积云或其他云集聚，其下面可能有陆地或岛屿。

(2) 黎明鸟群飞出的方向，黄昏鸟群飞回的方向，可能是陆地或岛屿。

(3) 通常情况下，白天风吹向陆地，晚上风吹向海岸。

(4) 在热带海域，天空或云底的淡绿色通常是由珊瑚礁或暗礁反射形成的。

(5) 有漂浮的树木或植物意味着附近有陆地。

注意：不要被海市蜃楼所迷惑，在船上改变坐的高度，海市蜃楼就会消失或是改变形状。

2. 登陆

登陆是海洋生存的最后环节，要想顺利成功地实施登陆，应注意以下事项：

(1) 选择最佳登陆点，尽力向其靠近。

(2) 穿好救生衣并充好气。

(3) 穿好所有的衣服鞋帽。

(4) 靠岸时，尽量放长海锚绳，降低船向登岸点的接近速度，保证安全。

(5) 在海滩上着陆前，不能爬出救生船。救生船一旦登陆，迅速下船并立即设法将船拖上海滩。

3. 获救

当救援船行驶到救生船旁边时，不要认为你可以很容易地登上救援船。切记你已经在海上待了好几个小时，身体变得很虚弱了，此时一定要静坐船上等待救援人员，不要急于离开救生船。当直升机来救时，一个吊篮只能容纳一个人。

练习题

1. 地球表面大约 75% 的地方被水覆盖，而其中多少是海洋？

2. 海上缺乏参照物，难辨方向，不易发现目标，生存人员很难判断所处的位置。风大浪高，平均风力 3～4 级，风大时可达多少级以上？

3. 单人保暖休息法是双腿向腹部弯曲，两手怎样放置？

第三节 极地／冬季生存

极地地区有很长一段时间天气极为寒冷。但是就温度而言，这些地区更为明确的特点是：

(1) 北极一年中最温暖的月份，平均温度不超过华氏 50 度 (10℃)。

(2) 亚北极一年中最温暖的四个月，平均温度不超过华氏 50 度 (10℃)。

(3) 在温带高山和高原地区，也有非常寒冷的天气。

一、极地飞行

(一) 极地飞行的定义

所谓极地飞行，就是在北纬 78 度以北的区域飞行。飞越这个区域，可以缩短亚洲到北美东海岸的时间。

极地飞行的适用机型为四发宽体客机，例如 B-747-400 型，航路为 POLAR 2/3/4。

根据《极地运行手册》的规定，极地飞行放行前，要参考宇宙辐射实况、24 小时预报、3 天预报、7 天预报的组合。经分析，在航班的有效时段内，如果地磁风暴等级、太阳辐射达到一定级别，或者无线电失效，航班都不能采用极地航路。

（二）航路选择的依据

(1) 航路耗油最经济。

(2) 缩短飞行时间，减少经停。

（三）极地航路面临的挑战

1. 宇宙辐射

自然界中的一切物体，只要温度在绝对温度零度以上，都是以电磁波的形式时刻不停地向外传送热量，这种传递能量的方式称为"辐射"。

(1) 宇宙辐射的标准：电磁辐射计量单位：毫瓦 / 平方厘米（mW/cm²）。

(2) 宇宙辐射计量单位：毫希沃特 / 千小时（mSv/1000h）。

(3) 国际放射防护委员会（ICRP）公布的安全标准：100 mSv/5 年、50mSv/ 任意一年、20mSv/1 年。

1992—1995 年，对 19 条国内航线、2 条国际航线的测量结果表明：国内航线为 2.85～3.11mSv/1000h；国际航线最高为 12.22mSv/1000h。

医学专家表示，宇宙辐射剂量是可以累加的，以每个极地航班平均辐射剂量 0.093mSv 计算，一年大约不能超过 215 次。

2. 航路高空温度低

寒冷的环境有三种说法：冷、寒冷、非常寒冷。其中，华氏 50°～华氏 32°（10℃～0℃）之间为冷；华氏 32°～华氏 14°（0℃～-10℃）之间属于寒冷；华氏 14°（-10℃）以下为非常寒冷。

极地航路除备降机场稀少、机场设施条件差以外，磁场对航空器导航设施、通信有一定干扰。常年低温使上空大气层温度达到 -70℃～-60℃，比常规航路上的大气温度低 10℃～20℃，对使用普通航空燃油可能造成一定影响。

每年冬季半年必须采用实测燃油的冰点，夏季半年采用燃油的标准冰点（-65℃）。在此期间，如果气象预报航路大气温度低于标准冰点，除要进行实测外，还要在 3 条极地航路中选择温度高于-65℃的航路。

3. 日照

两极地区有极昼和极夜的现象。极昼与极夜的形成，是由于地球在沿椭圆形轨道绕太阳公转时，还绕着自身的倾斜地轴旋转而造成的，如图10-2所示。

原来，地球在自转时，地轴与其垂线形成一个约23.5°的倾斜角，因而地球在公转时便出现有6个月时间两极之中总有一极朝着太阳，全是白天；另一极背向太阳，全是黑夜。南、北极这种神奇的自然现象是其他大洲所没有的。

极地区域大气稀薄，在此飞行时少有颠簸。

图10-2 全年有漫长的极夜和极昼现象

（四）极地备降后的生存

1. 寒冷的环境

1）冷风降温

寒冷的气候是一种很强的自然力量，即使你认识到它的危险以及能够利用它的一些个别特征，它还是可能会成为一个可怕的对手。忽视或低估这股力量，可能会导致死亡。

在寒冷地区，冷风降温会增加危险，这是流动的空气吹在暴露在外的人体皮肤上引起的结果。举例来说，15节风在气温为华氏15度(-9℃)下造成的严寒温度，其效果和零下华氏10度(-23℃)的无风空气温度造成的效果一样。风速越大，温度就越低。

在寒冷的环境中，天气和温度的变化很快。这些变化会影响你的速度，增加行进的困难。例如，雨、雪或者温度的升高都可能使你无法继续前进，或者使前几天还很容易翻越的地形变得非常危险。

就地取材，搭建防寒设备。如图10-3所示。

图 10-3　搭建防寒设备

2) 生活基本所需

在寒冷地区获得生活基本所需——食物、水、避身所——要比在温暖环境中困难得多。即使你已经有了这些基本必需品,你还必须有足够的衣服保暖,以及求生的意志。

和其他任何环境中一样,在寒冷的环境中,你首先需要考虑的是处理、医治你的及同伴的伤口或疾病。

2. 健康危害

1) 体温

健康时,人体内部的中心温度(躯干温度)保持在华氏 98.6 度 (37℃),因为四肢和头部没有躯干那么多组织的保护,因此它们的温度会稍有不同,可能达不到华氏 98.6 度。

人体有一个控制系统,能够自动反应、调节,使身体保持温度平衡。影响体温平衡的主要因素有三个:产生热量、热量散失和蒸发。热量产生的速度是由人体温度和环境温度之间的差别决定的。不过比之产生热量,人体更容易散发热量,出汗能够帮助保持体温平衡。出汗散发热量的速度可以和用力产生热量的速度一样快。

颤抖能使身体产生热量,同时也会导致疲劳,而后者反过来导致体温下降。身体四周空气的运动会使身体热量散失。经计算,一个人赤裸地站在没有冷风的寒冷环境中,只要他能够尽力颤抖,就能将体温保持在血液凝固点左右,从而使自己不至于被冻僵。但是一个人不可能永远颤抖下去。

2) 休息

同样经过计算的是,一个人在寒冷的环境中休息,只要将能穿的防寒衣服都穿上,也能很好地将体温保持在凝固点之上。但是如果不想再这么继续挨冻下去的话,那么他必须活动或颤抖。

3. 在寒冷环境中可能发生的伤病

1) 低温症

人体温度下降到华氏 95 ~ 77 度 (35℃ ~ 25℃) 之间就会导致低温症,或者气温降至冰点左右时,也会引发低温症。为了防止体温过低,应该尽量避免会导致人体热量散失的活动。

低温症的症状表现为行动迟缓、身体协调能力下降、判断力减弱等。如果病人体温降至华氏 77 度 (25℃) 以下,死亡几乎是不可避免的。

要想医治低温症,就要使病人身体重新暖和起来。如果有可能,应将病人身体的躯干部分浸入华氏 100 ~ 110 度 (37.8℃ ~ 43.3℃) 的温水中。

警告:将病人整个身体放入温水中使之体温回升只能在医院里进行,因为很可能会导致病人心跳停止或休克。

使病人体温回升最快的方法是温水灌肠法,直接将温水灌入病人体内。另一个方法是将病人和另一个温暖的人一起裹在暖和的睡袋里,两个人都必须赤裸。如果病人是清醒的,给他喝热的糖水。最好的卡路里来源之一是蜂蜜或葡萄糖,如果没有蜂蜜和葡萄糖,可以用糖、可可粉或类似的可溶增甜剂。

警告:不要强迫没有知觉的病人喝水。

治疗低温症时,应注意存在两个危险:体温回升太快和体温回落。体温回升太快会使病人血液循环出现问题,最终导致心脏衰竭。体温回落是指病人从温水中出来时体温急剧下降,发生这种情况是由于病人体温回升之后,血液开始重新循环,四肢里面停滞的血液又回到躯干部分,从而导致体温重新下降。使身体躯干部分变暖,而不刺激外围的血液循环会减少体温回落的影响。如果可能,应将病人的躯干部分放入热水中,这是最好的治疗措施。

2) 冻伤

冻伤是由于组织冻僵而造成的伤害。轻度冻伤只涉及皮肤,冻伤的皮肤灰暗,略呈白色。深度冻伤会延伸至皮肤以下的组织,组织变硬、变僵。脚、手以及暴露在外的脸部特别容易冻伤。

如果你和其他人在一起,防止冻伤的最好办法是互助。经常检查同伴的脸,也要让同伴经常检查你的脸。如果你孤身一人,应不时用戴着手套的手捂住鼻子和脸的下半部分。

如果手脚失去知觉,表明你已经被冻伤。如果失去知觉的时间还不长,那么冻伤可能是轻度的，否则，要假定冻伤是深度冻伤。

二、冬季求生

（一）冬季求生原则

当处在低温强风和冰雪覆盖的地区时，在每个季节都必须应用冬季求生原则。

(1) 携带救生衣作御寒之用。

(2) 卸下／带上所有滑梯／救生艇。

(3) 滑梯／救生艇应充气架设好作为掩体，并尽快让乘客进入避寒。

(4) 启动应急求救发报机。

(5) 在可能条件下收集飞机上的枕头和毛毯分配给乘客，让乘客尽量靠近坐好以保持体温，松开紧身的衣服。

(6) 熟悉救生包里的物品。

① 取出信号发射设备。

② 其余物件留在储存袋里，到实际需用时再取出。

(7) 经常指挥乘客作温和的运动，例如坐着屈伸腿部、运动手指和脚趾等。

(8) 避免喝酒精类饮料，因有促进体温散发的危险。

(9) 必须经常放一些新鲜空气到掩体里面，因为内部二氧化碳含量增高会造成危害。

(10) 不要让乘客们全体同时睡着，24小时需安排人员轮流守望。

(11) 发现搜救者时，白天使用烟雾信号和反光镜，夜间使用火炬和信号弹，放烟雾信号和火炬时要在风下侧。

（二）预防冻伤

(1) 衣着应温暖不透风，且松紧适度，保持身体干燥。

(2) 烤换鞋袜、鞋垫，鞋袜不能过紧。

(3) 揉搓额面，勤用热水烫脚。

(4) 不要长时间静止不动。

(5) 不要在无准备时单独外出。

(6) 不要赤手接触温度很低的金属。

(7) 不要喝带酒精的饮料。

(8) 如果身体颤抖，应做些轻微活动，防止热量散失过快。

(9) 勤互相督促，勤交流防冻经验。

（三）冻僵的治疗

(1) 迅速将伤员移入温暖环境，脱掉（或剪掉）潮湿冻结的衣服鞋袜（如衣服鞋袜冻结在皮肤上，不宜强行脱去，可在复温过程中缓慢移除）。

(2) 采取全身保暖措施，盖以棉被或毛毯、树叶、干草、加热过的石头、热水，或用热水袋（注意用垫子、衣服或毯子隔开，不要直接放在皮肤上以防烫伤）放腋下及腹股沟。

(3) 保暖注意事项：

① 保持身体干燥。

② 贴身的保暖衣服不能太紧，以防止身体不能与外界空气交换以至于身体过热出汗和身体热量散失过快。

③ 头部和手易被冻伤，应当采取保暖措施。

④ 脚部保暖时应保持脚的干燥，如有可能应在鞋底增加保暖物品后再进行包裹。

(4) 休息时，应避免身体直接坐在或躺在雪地上。

(5) 不能使用飞机作为避难所，因为金属结构的机身如同一个巨大的散热器。

(6) 如果使用雪屋作为避难所，应注意通风和避免雪屋塌落。

(7) 如果身体发抖，应做轻微的运动。

(8) 不要喝酒精饮料，避免热量挥发。

案例分享

案例：极地飞行

2006年12月10日，东航上海—纽约直飞航线首次载客飞越北极回到上海。这条极地航线不仅减少了乘客转机时间，而且能够领略美妙的北极风光。但是，令一些商务旅客和空勤人员感到担忧的是，北极航线高度过高，使得飞机暴露于大量的宇宙和太阳辐射之下，他们担心影响身体健康。

民航医学专家表示，虽然极地航线辐射剂量确实高于其他航线，需要有预防意识，但所受剂量均在标准范围之内。

练习题

1. "极地飞行"是在北纬多少度以北的区域飞行？

2. 根据《极地运行手册》规定：极地飞行放行前，要根据宇宙辐射实况、24小时预报、3天预报、几天预报的组合？

3. 宇宙辐射计量单位：毫希沃特/千小时多少小时？

4. 国际放射防护委员会的英文缩写是什么？

第十一章
急　救

　　本章提示：急救工作的主要任务是对航空器内的紧急事件、乘机旅客及机组人员发生的各种医学紧急情况等进行应急救护，是对现场初级生命及高级生命的支持。各类突发事件发生后，第一要务就是挽救生命。本章介绍急救原则、生命体征等一般常识，以及飞机上可能要采取的急救措施，如包扎、分娩、心肺复苏等方法。

第一节 急救原则

在发现有受到伤害需要帮助的人时，应该遵循以下原则进行处置：首先，判断伤患者是否清醒。如果伤患者清醒，那么开始检查他是否受伤。要对不同的伤口做不同处理，然后等待专业医疗人员的到来。如果伤患者已经昏迷，那么要进行生命特征的观察。如果伤患者已经失去生命特征，应该立刻寻求帮助，实施急救。

一、急救的概念

急救是指当人体受到意外创伤或发生危急重症时，作为"第一目击者"在急救人员未到达现场前，按照公认的急救规则，利用现场的自然条件对伤患者实施基本急救措施。

二、急救的工作流程

急救的工作流程分为以下六个步骤。
(1) 发现伤患者。
(2) 呼叫急救服务。
(3) 派遣急救车辆。
(4) 现场处置伤患者。
(5) 运送途中照顾并检视伤患者病情。
(6) 送往医院进行专业救治。

三、机上急救

（一）机上急救的定义

机上急救是指在飞行旅途中，对发生意外损伤或突发急病的旅客，立即给予紧急处置，缓解并稳定病情，重者送往医疗单位诊治。

（二）机上急救的一般原则

(1) 在遇到重症的伤病旅客时，应保持镇静并立即报告机长和乘务长，采取正确处置措施。如需要直接服用药物时，尽可能详细询问患者病情及病史，并征得病患的同意。仔细观察损伤的部位和受伤的程度。

(2) 在急救时应选用恰当的语言，使病患者确信乘务人员有能力帮助处理患者的伤病。

(3) 注意尽量少去搬动病人或搬动损伤的部位。避免使用诊断性语言和预后性的语言，掌握病情后要尽快实行救治。

(4) 用药前先征得患者的同意，能使用口服药物就尽量避免肌肉注射或静脉注射。

(5) 救治前首先处理最紧急的情况。救治儿童患者，要征得监护人的同意。

（三）严重伤病处理程序

乘务员遇到严重伤病情况时，应采取以下处理步骤。

(1) 立即在机上广播寻求医务人员的帮助。

(2) 与此同时，立即按所学习的急救知识和急救原则对伤患旅客进行急救。

(3) 安慰伤患旅客，保持其情绪稳定，根据病情采取适当的卧位。

(4) 根据情况决定是否需要给患者吸氧。

(5) 应取得病患者的一般资料，包括姓名、性别、年龄、病史、过敏史、到达地、亲属联系人及联系方式等，并记录发病的时间、主要症状、体征、采取的紧急救治措施及效果。并且要双方签字、确认。

(6) 危重情况时及时报告机长。确定到站后是否需要担架等搬运工具、是否需要救护车和急救人员，以便着陆前通知地面有关部门。

四、急救的一般步骤

急救过程一般按以下步骤进行。

(1) 首先确保呼吸和呼吸道通畅。观察呼吸要做到：一看、二听、三感觉。

(2) 用手指触摸伤患的颈动脉是否有波动，如果无脉搏波动及循环征象，立即进行"心肺复苏"。

(3) 检查伤处并立即止血。

(4) 预防休克和暴露受伤部位。引起休克的原因主要有大失血、缺水、严重烧伤、剧烈疼痛、剧烈呕吐、腹泻、心脏衰竭等。

(5) 正确处理昏迷伤病患者，确保有人照看；密切观察脉搏、血压、呼吸的变化。

(6) 保证伤病患者的正确体位，有以下5种方式。

① 呼吸道阻塞者，呕吐者必须摆放复原体位。

② 呼吸困难者摆放端坐位。

③ 休克伤患者摆放U形体位（头高、足高）。

④ 创伤的患者尽量将伤面向上摆放。

⑤ 心肺复苏者仰卧位（注意将其衣领、腰带放松以免引起内脏损伤和影响呼吸）。

五、急救的注意事项

急救过程中，应注意以下事项。

(1) 急救者要保持冷静，消除伤患者的恐慌情绪。对昏迷的伤病患者要注意生命体征的观察。注意用平静、关心、宽慰的语气和伤患者交流。

(2) 提供急救时注意保护自己和其他乘客，减少被感染的危险。为急救创立相应的空间，隔离其他乘客。

(3) 使用口罩、手套，没有手套时可以用保鲜膜、塑料袋代替。不要直接接触伤患者的血液、痰液、分泌物、呕吐物、伤口。处理完伤患者后，及时用流动水洗手。

(4) 对于意识不清并怀疑颈椎损伤、需要清理呼吸道者，应采取双手拉颌法打开气道。尽量不要搬动伤患者。

(5) 如果伤患者是儿童，应向其监护人解释情况，以免产生误会，并请监护人同意、协助救护。事后请监护人在急救记录单上签字。

(6) 如果在急救时不慎接触到病患者的任何体液（血液、呕吐物、分泌物），应及时向相关部门报告实情。

练习题

1. 急救工作流程是什么？
2. 解释机上急救的一般原则。
3. 引起休克的主要原因是什么？
4. 提供急救时注意保护自己和其他乘客，有哪些减少被感染危险的方法？

第二节 生 命 体 征

所谓生命体征，即为人体生命活动特有的体表征象。生命体征有脉搏、血压、呼吸、体温、瞳孔、意识六点。

一、脉搏

心脏有节奏地跳动，在心室收缩时使血液泵入主动脉，血液沿着动脉血管流动，引起动脉搏动，而称为脉搏。通常取腕部的桡动脉检查脉搏。年龄和性别可使脉搏稍有差别。

以下是有关脉搏的一组数据。

成年人：60～100次/分。

1岁以内婴幼儿：110～130次/分。

5岁幼儿：80～100次/分。

二、血压

血压是动脉血管内血流压力的简称，是血液在动脉血管内流动时对血管壁产生的侧压力。动脉血管收缩时血液对其产生的压力叫收缩压；动脉血管舒张时血液流动产生的压力叫舒张压。世界卫生组织规定血压的正常值是：收缩压90～139mmHg，舒张压60～89mmHg。

三、呼吸

呼吸是人体通过胸廓和腹部的扩张、收缩运动而使肺组织的肺泡扩大缩小，通过肺的运动不断进行气体交换，吸进新鲜氧气呼出二氧化碳。

正常呼吸的频率：成年人为16～20次/分钟。

呼吸比心率为1：4。

四、体温

正常的腋下体温是37℃左右，它与年龄无多大关系。

测量体温有三种方式：腋下体温36℃～37℃；口表温度36.2℃～37.3℃；肛表温度36.5℃～37.6℃。

五、瞳孔

瞳孔是人体生命体征的重要标志之一。在正常情况下，瞳孔应该是等大、等圆、对光反射敏感。当昏迷、意识丧失、阿托品中毒时，瞳孔会散大；有机磷中毒时，瞳孔会极度缩小。

六、意识

大脑或皮肤对外界环境如疼痛、温度、语言、气味等刺激均可产生一定的反应或知觉，即称为意识。当人体受到意外创伤或疾病的损害时，因损害程度不同，意识会发生改变。正常情况下意识清晰，反应敏感。意识可分为清醒、睡眠、深度睡眠、昏迷四种状态。判断意识丧失时通常使用疼痛刺激法,成人一般取十宣穴、少冲穴,婴幼儿一般取合谷穴或拍打足底。

1. 什么是生命体征?
2. 年龄和性别可使脉搏稍有差别。成人、婴儿脉搏正常值分别是多少?
3. 血压是静脉还是动脉血管内血流压力的简称?
4. 正常的腋下体温是37℃左右,它与年龄是否有关系?

第三节　机上常见病症

机舱中的空气、低气压、臭氧以及敏感源都有可能使得乘客出现不同层次的病症情况,以及轻度的脱水情况。机舱内空气湿度是比较低的,一般在10%~20%,空气太干燥的话会让乘客出现口干舌燥、眼睛以及皮肤干涩的情况。还有一些乘客有作呕发闷的情况发生,这主要是低气压导致的,机舱里面气压过低会使得人体内肠胃空气膨胀20%~30%,这时候就会出现作呕的情况。

本节重点介绍一些机上常见疾病和症状以及相应的处置方法。

一、晕机

晕机是飞机上最常发生的病,多数是晕动症,与乘车、飞机的加速度和前庭的功能状态有关。有严重的颈椎病、高血压病或年老体弱者也会出现病症。

1. 表现、症状

(1) 面色苍白、出冷汗、心慌。

(2) 恶心、呕吐、头晕、乏力。

2. 处理方法

(1) 给乘客准备清洁袋,防止呕吐物污染周围环境。

(2) 乘客呕吐后让其平躺,并做深呼吸,同时,打开通风气道,开通新鲜空气。

(3) 症状严重的乘客,将其调到客舱过道座位,以便照顾。

(4) 可以服用维生素B6、乘晕宁。

(5) 可帮助掐乘客内关穴、足三里穴。

二、压耳

航空性中耳炎与飞机飞行中座舱内压力的变化有关。在飞机上升时，人体的生理结构可以自动调节中耳内压。而当飞机下降时，中耳内压无法自动调节，出现鼓室压力降低，耳膜内陷，严重时可出现气压损伤性中耳炎（耳膜充血）。下鼻甲肥大、上呼吸道感染、鼻炎的人易发生此类症状。

1. 表现、症状

(1) 耳痛、听力下降、耳鸣。

(2) 耳膜破裂时可出现爆炸样的巨响。有时伴有头晕、恶心、呕吐、面色苍白、出汗。

2. 处理方法

(1) 提醒旅客在飞机下降时，反复做捏鼻鼓气和吞咽动作，以平衡中耳内外的气压，防止压耳。

(2) 对于感冒引起的鼻塞，在飞机下降中，应及时用滴鼻净药剂后再做吞咽动作。

(3) 乘务员压耳，出现听力下降、耳痛、耳鸣症状时应及时去五官科就诊。

(4) 婴儿哭闹时，吸吮奶嘴有助于预防航空性中耳炎。

(5) 预防的重要措施是在飞机开始下降前或下降过程中广播告诉旅客下降中易出现压耳，做吞咽和捏鼻子鼓气可以预防。

案例分享

 案例：乘客耳朵剧痛致飞机返航

2008年1月17日，CA970航班从新加坡起飞约10分钟，一旅客突然耳朵剧烈疼痛，然后摔倒在地。飞机被迫返航新加坡。事后了解该旅客耳鼓膜曾经穿孔，未向机组人员说明。

三、高空胃肠胀气

腹胀、腹痛多发生在飞机上升过程中，或到达一定高度后的最初停留阶段。若能在短时间内经口或肛门排气，症状可缓解，否则高度越高，症状就越重。这是受低气压的物理影响，因为在低气压时，机体的空腔脏器如胃、肠、中耳腔、鼻窦内含有气体，当外环境的压力改变时，脏器腔内的气体不能及时排出，就发生了相对的气体膨胀的现象。正常生理情况下，人的胃肠道内约有1000ml气体。

对于身体健康的飞行人员，最多是出现短时间的不适感。对于乘客来讲，由于个人的身体素质及身体健康情况的差异，也可出现某些不适。

1. 表现、症状

面色苍白、出冷汗、脉搏缓慢、血压下降、晕厥、腹胀、腹痛。

民航客机有增压密封舱,基本可消除其影响。

2. 处置方法

(1) 控制饮食,进餐不可太快,不食易产生气体的食物,如豆类食品、冷饮、牛奶、汽水等。

(2) 对于飞行人员来说,起飞前 1~2 小时进食完毕,飞行前少吃不易消化的食物及饮料,如汽水、啤酒;防止便秘,飞行前最好排空大小便。

(3) 安慰乘客,告知是生理现象,避免惊慌。

(4) 可按压足三里穴、中枢穴、中脘穴。

四、高空减压病

地球周围包绕着一层大气,大气的固定成分主要是氮、氧、二氧化碳以及其他物质。地平面上的大气压是 $1.033 kg/cm^2$,与同样底面积的 760mmHg 相等,这一压力是标准大气压。

大气压随着高度升高而降低,当外界压力降低到 $266.89 mmHg/cm^2$(8000m 高空以上),人就会发生减压损伤。

无症状区:< 3000m   障碍区:5000~7000m
代偿区:3000~5000m   危险区:> 7000m

减压损伤绝大多数发生在 8000 米以上高空,停留一段时间后发病。

1. 病因

(1) 在人体组织和血液中溶解一定量的气体,主要是氮气。当环境压力(气压)降到一定程度时,溶解的气体就可能离析出来,在血管、组织内形成气泡。大量的气泡可引起气栓。

(2) 体液中主要是水,当外环境的压力降低到低于或等于体温条件下的水蒸气压时,水就会发生"沸腾",形成大量的"蒸汽"。

(3) 大气压降低时,组织、体液、脂肪、骨髓溶解的氮气形成"气泡",压迫刺激局部组织。血管内气泡容易形成气栓,气栓循环到肺则出现肺血管栓塞,继而发生肺循环障碍。气泡在肺脏外、胸廓内时可造成气胸。气泡在心脏血管内则可导致循环衰竭。气泡压迫局部组织时(常发生在四肢关节),可引起关节疼痛,特别是膝关节、肩关节,这种现象称为"屈肢痛"。

2. 表现、症状

(1) 视力模糊、情绪反常、运动失调、智力障碍。

(2) 栓塞在肺部：呼吸困难、口唇紫绀、昏迷甚至呼吸停止。

(3) 栓塞在循环系统：呼吸困难、心率加快、面色苍白、心跳停止。

(4) 膝关节、肩关节、腕关节剧痛。

3. 处理方法

(1) 吸氧。

(2) 报告机长下降飞行高度。

五、冠心病

冠心病是冠状动脉性心脏病的简称，是指冠状动脉粥样硬化和功能改变导致心肌血液供应减少或中断，继而产生的一组临床症候群。

引起该病的常见因素主要有高血压、高脂血症、吸烟、糖尿病、肥胖等。主要表现有以下两种。

(一) 心绞痛

心绞痛是由于冠状动脉狭窄、痉挛引起血流量减少，致使心肌供血不足、缺血、缺氧引起的病症。

1. 表现、症状

(1) 突发的心前区疼痛。表现为短暂的、阵发性的前胸压榨性疼痛，有憋闷感或烧灼感，可放射至心前区、左上肢达无名指和小手指或咽喉部。

(2) 时间较短，一般持续3～5分钟，很少超过15分钟。

(3) 伴有出汗、心率增快、血压增高、面色苍白，如此发作可数天一次，也可一天多次。

2. 处理方法

(1) 让患者安静卧位，保持情绪稳定。

(2) 帮助患者服用自备的药品；或通知乘务长，服用机上备有的硝酸甘油，含一片。也可含服速效救心丸10～15粒。

(3) 解开其领口、紧身衣物，打开通气孔并保暖，必要时吸氧。

(4) 密切观察病情变化，关心和安慰病人。

(二) 心肌梗死 (塞)

心肌梗死 (塞) 是指冠状动脉过度狭窄或阻塞，阻断了心肌供血，使心肌缺血、缺氧而导致心肌坏死。重者可直接导致死亡。

1. 表现、症状

(1) 突发的心前区剧烈疼痛,有濒死感或恐惧感,疼痛的性质和部位与心绞痛相同,但程度重、持续时间长,一般可持续30分钟以上。也有上腹痛的病人。

(2) 常伴有大汗淋漓、恶心、呕吐、面色苍白,或发抖,也有的有憋闷感觉。

(3) 出现烦躁不安、皮肤湿冷、脉搏细弱、神志淡漠、血压下降等休克的症状。

(4) 可有发热,一般在38℃左右,呼吸困难,口唇紫绀,心律失常,昏迷或猝死。

(5) 含服硝酸甘油无效。

2. 处理方法

(1) 绝对安静卧位,不能搬动病人。

(2) 立即吸氧,同时给予止痛剂、镇静剂。

(3) 迅速广播寻找医务人员,请求帮助。

(4) 立即报告机长,通知到达地做好急救准备。

(5) 密切观察病人的生命体征:脉搏、呼吸、血压、意识;心跳停止立即进行心肺复苏术。

六、腹痛

腹痛是临床上常见的症状,多数腹痛是由腹腔内脏器的器质性病变引起的,表现可轻可重,在高空飞行中也会因胃肠胀气而引起腹痛。

1. 临床上常见的分类

1) 内科病性腹痛

急性胃肠炎、肺炎、胸膜炎、心肌梗死、过敏性紫癜等都可以引起腹痛。

疼痛特点是先有呕吐、发热等症状,其后才出现腹痛。而且,腹痛的定位性不明确。

2) 外科病性的腹痛

外科病性的腹痛多由急性阑尾炎、溃疡病穿孔、胆石症、胆道感染、胆道蛔虫、急性肠梗阻、急性胰腺炎、输尿管结石、内脏破裂、肿瘤等引起。其疼痛特点是:疼痛剧烈、定位明确,往往疼痛最明显处就是病变地方。而且多数是先出现疼痛,继而有发热、呕吐的症状。

3) 妇科性腹痛

妇科性腹痛多由宫外孕破裂、卵巢囊肿蒂扭转、急性输卵管炎、盆腔炎等引起。可伴有呕吐,宫外孕破裂时会有大出血现象。

2. 腹痛的特点

1) 急性腹痛

急性胃炎、急性肠炎、急性胰腺炎、急性胆囊炎、肠梗阻、胆道蛔虫、泌尿系结石、溃疡病穿孔、宫外孕破裂、心绞痛等引起的腹痛，其特点是疼痛剧烈，起病较急，定位明确，一般无发热。

2) 慢性腹痛

慢性胃炎、慢性胆囊炎、胃十二指肠溃疡等引起的腹痛，其特点是疼痛可以忍受，会有低热现象。

3) 腹痛的部位

(1) 疼痛部位在右上腹时，多见胆囊炎、胆结石。

(2) 溃疡病穿孔时，开始疼痛起于上腹部，而后迅速波及全腹。

(3) 急性阑尾炎时，先有上腹和脐周围的疼痛，数小时后转移至右下腹，并固定不移。

(4) 卵巢囊肿蒂扭转时疼痛在下腹部，哪一侧发生扭转，则哪一侧下腹疼痛。

4) 疼痛的性质

(1) 持续性疼痛。

(2) 持续性疼痛并伴有阵发性的加剧。

(3) 阵发性疼痛。

5) 表现、症状

腹痛常伴有呕吐、发热、咳嗽、黄疸、血尿、休克等症状。

3. 如何处理

(1) 让乘客保持一种自己认为最舒适的体位。安静休息，使腹肌松弛减轻疼痛。

(2) 机上广播寻求医务人员的帮助，观察并记录病情的发展情况。

(3) 未明确病因时，禁用止痛药；禁食、禁水。

(4) 伴有发热、恶心、呕吐、腹泻、腹痛者应按可疑胃肠道传染病处理。应将其座位隔离，单独收集病人接触过的物品，并密封交给防疫部门检测。

(5) 及时报告机长，向有关部门汇报，严格洗手。

七、晕厥

晕厥是突发短暂性失去意识的一种症状，由一时性脑组织缺血、缺氧所致。

1. 表现、症状

晕厥的主要症状有头晕、眼花或眼前发黑、面色苍白、脉搏缓慢、四肢无力、出汗、耳鸣、血压下降，低血糖者会有饥饿感。

2. 晕厥常见的病因种类

1) 一过性晕厥

一过性晕厥也叫单纯性血管神经性昏厥，是由于某种强烈刺激引起的，如恐惧、剧痛、悲伤、遭受挫折打击、空腹、过劳、手术、出血、见血、注射、外伤、空气污浊、闷热等。

2) 直立性晕厥

直立性晕厥多见老人或久病卧床的人，常在站立时或久蹲直立时突然发生。

其特点是血压骤然下降，眼前发黑、冒"金星"，但心率变化不大。晕厥时间短，发作时无前兆。

3) 心源性晕厥

心源性晕厥多见心动过缓或过速、心律失常和心肌梗死时的患者。

心源性晕厥患者表现为心率异常，血压下降，病情均较严重。

4) 低血糖晕厥

低血糖晕厥患者多见严重饥饿者，长时间进食很少者（减肥），糖尿病低血糖者（胰岛素使用不当）。前期多出现心慌、心悸、冷汗、无力等症状。

5) 排尿性昏厥

排尿性昏厥多见年轻人或老年人夜间起床排尿时。

6) 剧咳性昏厥

剧咳性昏厥多因剧烈的痉挛性咳嗽，导致突然发生昏厥，为一时性昏厥。剧咳的病人多先感到心慌、气喘、头昏、眼花，进而很快失去意识与知觉。

3. 处理方法

有晕厥患者时，应采取以下急救措施。

(1) 立即扶患者平卧，取头高脚低位（保证大脑的血氧供应），松开紧身衣服的领口、腰带，女性病人要松开文胸带。乘务员可用双手由病人的下肢向其心脏部位加压按摩，驱使血液流向脑部。

(2) 保持呼吸道通畅，必要时吸氧。针刺或按压病人的人中穴、少冲穴、十宣穴、百会穴，促使病人苏醒。

(3) 在额头冷敷，降低脑组织的耗氧，保证脑组织的供氧、供血。

(4) 当恢复知觉后，可给病人喝热茶或咖啡，安慰病人消除焦虑和不安。

(5) 若在短期内(2～3分钟)患者仍未开始恢复清醒，应立即检查其脉搏、血压、呼吸，将病人放置成复原体位，必要时做心肺复苏术，同时立即报告机长。

(6) 检查有无其他创伤，并进行适当处理。

(7) 若乘客晕厥在洗手间，应将洗手间的门卸下来，进行急救。

八、血糖异常昏迷

血糖异常导致的昏迷形成机理复杂，主要有糖尿病高血糖昏迷和低血糖昏迷，如图 11-1 所示。

图 11-1　血糖异常导致的昏迷

（一）高血糖昏迷

1. 表现、症状

(1) 口渴、多饮、多尿、恶心、呕吐、食欲不振、腹痛、乏力、嗜睡。

(2) 重者出现意识障碍甚至昏迷，呼吸深而快，呼气中有丙酮气味（烂苹果味）。

(3) 由于血糖升高，渗透性利尿、呕吐等，可导致严重失水，出现周围循环衰竭，血压下降，休克症状出现，继而发展到昏迷。

2. 处理方法

(1) 向病人或家属、同伴询问有关病史，帮助病人服用随身携带的口服药。

(2) 出现呼吸深快、血压下降、休克等症状时要及时吸氧。

(3) 检查生命体征，查看病人有无疾病标识牌。

(4) 立即通知机长，并尽可能、尽快地得到医务人员的帮助。

（二）低血糖昏迷（糖尿病胰岛素昏迷）

1. 表现、症状

(1) 饮食不足，身体虚弱、心慌、皮肤苍白、湿冷、出汗。

(2) 无腹痛，不常见呕吐、流口水。

(3) 呼吸急促，呼吸变浅，脉搏加快。

(4) 有强烈的饥饿感，由意识淡漠进展到昏迷。

2. 处理方法

(1) 给病人一杯含糖的饮料，或其他糖果等。可缓慢地将 1~2 包砂糖放入昏迷者口中，不要用水或其他液体灌入，以防呛入气道。

(2) 等待 15 分钟，没有改善，重复给糖。

(3) 保持呼吸道通畅、吸氧，观察生命体征。

(4) 广播寻求医务人员的帮助。

注意：在怀疑低血糖昏迷或判断不清时，应立即服甜饮。

九、烧伤、烫伤

烧伤、烫伤是生活中最常见的创伤，如手指被热水烫伤或被热气烫伤等。根据不同物质造成的损伤，烧伤、烫伤可分为以下几种。

(1) 热力烧伤：热的液体所致，如开水、蒸汽、火焰等。

(2) 化学烧伤：强酸、强碱等。

(3) 电烧伤：高压电流。

(4) 放射烧伤：X 线、伽马射线、治疗恶性肿瘤的放射线。

1. 烧伤、烫伤的程度

烧伤、烫伤的程度与受伤的面积和深度有关，分为 Ⅰ 度、浅 Ⅱ 度、深 Ⅱ 度、Ⅲ 度四种。Ⅰ 度和浅 Ⅱ 度又称为浅度烧伤，深 Ⅱ 度和 Ⅲ 度为深度烧伤。

2. 表现、症状

(1) Ⅰ 度烧伤：(红斑性) 仅伤到表皮浅层，局部发红，微肿，灼痛，皮温度增高，无水疱，3~5 天内痊愈。脱细屑，无红肿。

(2) 浅 Ⅱ 度烧伤：(水疱性)：伤及部分生发层或真皮乳头层。伤区红、肿、剧痛，出现水疱或表皮与真皮分离，水疱内含血样黄色液体，水疱去后创面鲜红，湿润，疼痛更剧，渗出液多。如果无感染 8~14 天愈合，愈合后无瘢痕，短期内可有色素沉着，皮肤功能良好。

(3) 深 Ⅱ 度烧伤：伤及真皮深层，尚残留皮肤附件。水疱皮破裂或除去腐皮后，创面呈白中透红、红白相间或可见细栓塞的血管网，创面渗出多，水肿明显，痛觉迟钝，拔毛试验微痛，创面愈合需要经过坏死组织清除、脱落或结痂皮下愈合的过程（由残存的毛囊、汗腺、上皮细胞逐步生长，使创面上皮化，一般需要 18~24 天愈合)，可遗留瘢痕增生及挛缩畸形。

(4) Ⅲ 度烧伤：(焦痂性) 皮肤的表皮、真皮全层被毁，深达皮下组织甚至肌肉、骨骼亦损伤。创面上形成的组织称焦痂，呈苍白色、黄白色、焦黄色或焦黑色，干燥坚硬的焦痂像皮革一样。焦痂上可见到已栓塞的皮下静脉网呈树枝状，创面痛觉消失，拔毛试验易拔出而不痛。创面可呈苍白而潮湿，在伤后 2～4 天焦痂溶解脱落，形成肉芽创面，面积较大的需植皮方可愈合，而且瘢痕为挛缩畸形。

3. 处理方法

对烧伤、烫伤患者，可采取以下急救措施。

(1) 迅速脱离烧伤的致害物。

(2) 烫伤、烧伤后皮肤和衣物粘连时，不要强行脱下，用剪刀慢慢剪开，注意不要碰伤皮肤。

(3) Ⅰ度烧（烫）伤：可直接局部冰敷、冷水冲洗 10 分钟直到不痛时为止。化学烧伤要立即反复用水冲洗。眼睛化学烧伤时，用清洁水立即由眼睛内角向外冲洗。

(4) Ⅱ度烧伤：将受伤部位置于冷水中或自来水下冲洗，直到疼痛消失。如果伤处无法浸泡、冲洗，可进行冷敷。用干净的布将伤口处水分吸干，再用干净的布盖住伤处并加以包扎。如果手脚受伤，要抬高伤处以减轻肿胀。

(5) Ⅲ度烧伤：暴露创面，马上送往医疗单位。

注意：不要挑破水泡或向创口处吹气，以免污染伤处。不可在伤处涂抹油膏、药剂。

十、气道异物阻塞

气道如果进入食物或其他异物，会导致气道受阻，或引起气道肌肉痉挛。成人气道异物梗阻的原因多是由食物引起，在进餐中发生。

1. 表现、症状

(1) 面色紫绀、灰暗、剧烈咳嗽或无声咳嗽。

(2) 显得极度紧张，无法说话或无法呼吸；并用手抓住脖子。

(3) 询问"你呛住了吗"，乘客点头表示"对"，但说不出话来，说明可能有严重的气道异物阻塞。

(4) 如做人工呼吸时，口对口吹气，感到气吹不进患者的肺部。

2. 处理方法

对气道异物阻塞的患者，可采取以下急救措施。

(1) 立即试用手指取出异物，速度最要紧，一定要抓紧时间。

(2) 让患者弯腰，鼓励其咳嗽，用力以手掌叩击拍打背部和双肩胛之间。注意不要干预患者的自主咳嗽和呼吸。

（3）告诉患者你将站在他身后施行腹部冲击。

（4）施行腹部冲击法，如图11-2～图11-5所示。

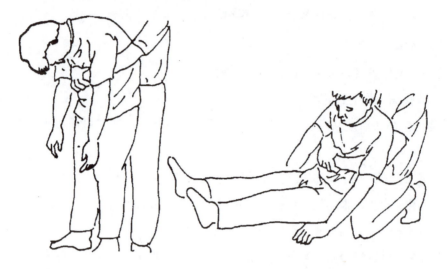

图11-2　站立位腹部推挤法　　　　图11-3　坐位腹部推挤法

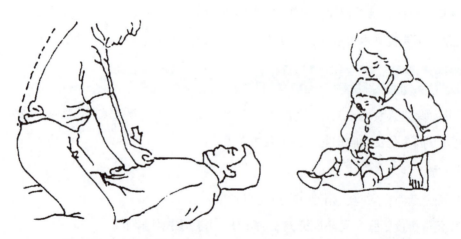

图11-4　仰卧位腹部推挤法　　　　图11-5　儿童单手腹部推挤法

（5）对成人和一岁以上儿童，其清醒者用力叩背部、腹部冲击都可以。如腹部冲击无效，可以考虑胸部冲击法。

（6）小于一岁的婴幼儿应用拍背推胸法，轻拍婴儿背部四次，按压胸部四次，操作时保持头部在低位置。婴儿肝脏较大易损伤，不能用腹部冲击法，如图11-6所示。

（7）肥胖者无法环抱其腹部，用胸部冲击法。

（8）孕妇晚期时腹部较大，应采用胸部冲击法。

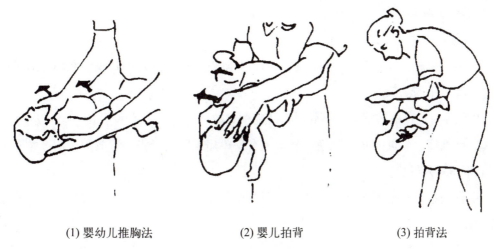

(1) 婴幼儿推胸法　　　　(2) 婴儿拍背　　　　(3) 拍背法

图 11-6　拍背推胸法

十一、过度通气

紧张、焦虑或晕机常会使人不自主地加深、加快呼吸，而深而快的呼吸使机体呼出过多的二氧化碳，可引起呼吸性碱中毒。

1. 表现、症状

过度通气表现为以下症状。

(1) 明显的呼吸频率过快，深度过深。随之呼吸快而浅。

(2) 头昏、视物模糊；手脚、口唇麻木和刺痛。

(3) 肌肉僵硬、痉挛，不能保持平衡，甚至昏迷。

2. 处理方法

对过度通气患者可采取以下急救措施。

(1) 向乘客指出原因并解释呼吸过快的症状和结果，安慰患者并告诉其尽量做深呼吸，减慢呼吸速度，多吸气并不住地屏气。

(2) 也可以让患者对着一个大袋子做缓慢呼吸，或用一个未接通氧气的面罩呼吸。

(3) 对一时性的昏迷者可做口对口人工呼吸。

十二、急性阑尾炎

阑尾是盲肠的盲端。急性阑尾炎是最常见的外科急腹症之一，任何年龄均可发病，多发生于中青年，病前会有上呼吸道感染、饮食不当、胃肠功能紊乱等诱因。

1. 表现、症状

急性阑尾炎患者有以下症状。

(1) 早期腹痛：开始在上腹部或脐周围，为阵发性痛。经几小时或十几小时后转移至右下腹痛，并固定不动。

(2) 压痛：当疼痛转移至右下腹时，压痛明显。

(3) 反跳痛：当炎症波及腹膜层时，可有反跳痛或腹肌紧张。形成阑尾周围脓肿时，可在右下腹触及肿块。

(4) 有些患者腹痛不明显，不典型，可为全腹痛或一开始就为右下腹痛，无转移性疼痛的过程。

(5) 恶心、呕吐、伴发热。

2. 处理方法

对急性阑尾炎患者可采取以下急救措施。

(1) 让病人取其舒服的卧位。安慰病人，使其安静休息。对发热者可进行物理降温。

(2) 对呕吐者使其头偏向一侧，也可侧卧。患者禁食、禁水。

(3) 不要给病人服用止痛药和镇静药物。

(4) 体温在38℃以上者，可冷敷头部。

(5) 报告机长，并通知地面医疗部门。

十三、高血压急症

指高血压患者在情绪激动、气候变化或突然停药等因素影响下，短时间内（数小时、数天）血压急骤升高，达到200/120mmHg以上，并伴随一系列心、脑、肾、视网膜等重要器官功能损害的症状。

1. 表现、症状

头痛、头晕（眩晕）、耳鸣、恶心、呕吐、视物不清、烦躁不安。

2. 常见的高血压急症

1) 高血压危象

常因紧张、激动、疲劳、精神创伤、寒冷、突然停服降压药等因素诱发。患者出现剧烈头痛、烦躁、眩晕、恶心、呕吐、视力模糊、心悸、多汗、手足发抖、面色苍白、神志障碍，也可有心绞痛、心力衰竭。

2) 高血压脑病

患者严重头痛，剧烈呕吐，意识障碍精神错乱，心动过缓，酒醉貌，视物模糊，局部或全身抽搐。

3) 脑血管意外

脑出血、脑血栓形成，腔隙性脑梗死、短暂性脑缺血发作。

4) 妊娠高血压综合征

妊娠出现高血压，容易发生先兆子痫、子痫等，危及母子生命。

3. 处理方法及注意事项

对高血压急症患者可采取以下急救措施。

(1) 安静半卧位休息，安慰患者，令其消除紧张情绪。

(2) 立即服用平时服用的降压药物。

(3) 意识不清者，注意保持呼吸道通畅，吸氧。呕吐者不可吸氧。

(4) 可在其头部放置冰帽，密切观察血压。

(5) 广播寻求医务人员的帮助。

(6) 病人突然心悸、气短、端坐呼吸、口唇发绀、肢体活动失灵，伴有咳粉红色泡沫样痰时，考虑有急性左心衰竭情况，应让病人双腿下垂，采取坐卧，吸氧，立即报告机长。

(7) 高血压病人发病时，会伴有脑血管意外，除头痛、呕吐外，有时出现意识障碍，或肢体瘫痪。此时要让病人平卧，头偏向一侧，以免剧烈呕吐时造成呼吸道阻塞。

(8) 高压在200mmHg时，可在耳尖、尺泽穴放血，平时常压耳背降压沟。

十四、机上死亡事件

飞机上有乘客发生伤、病，经急救无效发生死亡时，根据有无医生在场，有不同的处理方法。

1. 有医生在场

(1) 请医生帮助确定患者是否死亡。如患者已死亡，应立即请医生填写死亡报告（机上急救报告单）一式三份，并请医生、机长、乘务长在相应的部分签字。

(2) 在到站前及时向机长汇报，向地面详细报告机上所有发生的情况，并按医生、机长的指令搬移尸体。

(3) 到站后，将一份死亡报告交机场有关部门，一份交帮助救治的医生，一份交乘务主管部门。

2. 没有医生在场

(1) 及时通过机长通知到达站地面，机上有危重病人，做好急救准备。

(2) 按要求填写机上事故报告单。

(3) 尽可能由机长联系基地急救部门，并取得其支持，按照其指令行事。

(4) 尽力安慰和帮助死亡者的亲友。注意不要给其他乘客带来不安。

练习题

1. 总结压耳的处理方法。
2. 叙述晕机的处理方法。
3. 心绞痛和心梗如何区别？它们的处理方法是什么？
4. 烫伤、烧伤是生活中最常见的创伤，请列举烫伤的种类。

第四节 机上分娩

飞机上如果有孕妇出现频繁并有规律的腹痛，阴道少量出血或有羊水流出，可能将要分娩。

一、正常产程

孕妇出现有规律的宫缩并且宫缩间隔的时间缩短，说明将进入产程。产程分为三个阶段。

(1) 宫颈扩张期：子宫颈口要经过较长一段时间才能开全，到可以让胎儿顺利通过宫颈口并娩出，初产妇这一时期约11～12小时，经产妇快的只需1～2小时。

(2) 胎儿娩出期：子宫颈口开全后胎儿才可通过小骨盆、产道下降并娩出。正常胎儿娩出一般是头先出。

(3) 胎盘娩出期：胎儿娩出后，胎盘及与其联系在一起的脐带也很快(30分钟内)从产道娩出。

二、接产准备

孕妇进入临产阶段后，即应做好接产的准备工作，同时尽可能寻求医务人员帮助。

1. 临产的症状

(1) 孕妇出现有规律的腹部阵痛，或伴有腰骶部酸痛，阵痛频率逐步加快加强，并有排便感。

(2) 破水，即阴道有羊水流出。

2. 物品准备

(1) 凉温开水约 1000 毫升，2～3 个干净的盆。

(2) 微波炉消毒的十几块纱布备用。

(3) 碘伏消过毒的剪刀一把，脐带线三根，干净的塑料布垫一块。

(4) 碘伏消毒手套 1～2 副，装胎盘的容器一个，装用过的物品及污物的塑料桶或袋 2～3 个。

(5) 卫生纸若干。

3. 产妇准备

(1) 座椅放成 45 度，铺上一块干净塑料布，衬上毛巾或毯子，产妇采取截石位，用毯子盖好上身注意保暖。用干净的卫生纸巾垫在产妇臀下及臀部周围。

(2) 保持安静并安慰产妇。

三、接产

在进入第二产程（即胎儿娩出期）后，胎儿将很快娩出（通常初产妇不超过两小时，经产妇更快）。

1. 产妇表现

子宫收缩的频率加快（约隔两分钟一次），产妇不自主地向下用力。随着每次收缩可以看见胎儿的先露部分逐渐下降。

2. 处理方法

(1) 嘱咐产妇放松紧张的情绪，在两次腹痛间歇时保持放松；不能进食，如产妇感到无力时，可以吃些巧克力。

(2) 接产者将手、臂、指甲清洗干净；用温水从上向下冲洗产妇会阴部。

(3) 在会阴部上、下方及两腿内侧部各铺一块消毒布。

(4) 接产者戴好消毒手套、口罩，在子宫收缩时鼓励产妇向下用力，并用右手顶住会阴下部保护会阴，防止胎儿娩出时用力不当，引起会阴撕裂，并保护胎儿的先露部分。

(5) 遇胎儿脐带绕颈时，应首先将脐带松解。如胎儿其他部位先露时，应及时报告机长与有关部门联系。

(6) 接产的原则是帮助胎儿自然娩出，不要强行用力挤压产妇的腹部。胎儿娩出时，要抱稳，防止滑脱。

(7) 胎儿娩出后，立即将胎儿的头侧向一侧，并用干净的棉布擦净其口、鼻处的黏液（在胎儿发出哭声之前）。如果一分钟内没有哭声（呼吸），立即将其头向下轻拍其足底或臀部。如不能很快呼吸，应做人工呼吸。注意给婴儿保暖。

(8) 脐带搏动消失后（娩出后数分钟），用一根脐带线在距胎儿脐部约15cm处扎紧，然后将脐带内的血挤向胎儿的脐部，马上在距脐10cm处用第二根脐带线扎紧脐带。然后在个两结扎点中央将脐带剪断，在距胎儿脐部约3～4cm处用第三根脐带线扎紧，并在距此结扎线前4～5cm处剪断脐带，用碘伏消毒脐带的断端，再用消过毒的敷布裹好脐带断端并包在婴儿腹部。

(9) 检查胎儿有无异常。先抱起胎儿让母亲看一下胎儿无异并正常，然后包裹好胎儿，放在母亲够得着的一侧，用枕头围好，盖好保暖。

四、胎盘娩出期的处理

在胎儿娩出后的半小时内，胎盘应会自然娩出（即第三产程）。

1. 表现

(1) 产妇有轻微的腹痛（子宫收缩）。

(2) 脐带随着子宫收缩下降，紧接着胎盘从产道排出。

2. 处理方法

(1) 胎儿娩出后，要密切观察产妇的表情、面色、脉搏、血压和阴道出血量及脐带下降情况。

(2) 可鼓励产妇自己或请亲属帮助轻揉下腹部，加强子宫收缩，以防宫缩无力造成产后大出血。同时注意产妇保暖。

(3) 不可用力拉拽脐带使其下降，以免胎盘全部或部分残留在子宫内导致产后大出血。

(4) 胎盘娩出后，要清洗产妇会阴部并使其舒适地躺好，盖好全身，注意保暖。注意观察出血情况，出现休克要抬高其双腿并注意保暖。

(5) 及时检查胎盘是否完整并将其全部装入容器内。

五、其他

记录各种情况及时报告机长，通告地面要救护车、妇产科医生到站接机。到站后将母子、胎盘和一份情况记录单交付医务人员，送往有妇产科的医院。

案例分享

✈ 案例 1：机上分娩

2013年4月29日，怀孕9个月的乘客石玉体貌特征不明显，得以通过安检登上了飞机。没想到在起飞30分钟后的万米高空中，石玉发生羊水破裂情况，4名空姐立刻采取措施做好相应准备，为其接生，顺利产下一名男婴。按照航空公司的乘机规定，航空公司有权拒绝怀孕7个月以上的孕妇乘坐飞机。但事后却发现，这些空姐们都经过航空公司"机上分娩"的专门训练。航空公司为了小概率事件，对航空公司乘务员进行培训，这是一种出于人性化服务的管理。

✈ 案例 2：万米高空双胞胎小天使出世（如图11-7所示）

2014年7月2日21点32分，一位孕妇乘坐B737-800型飞机CA1877航班从北京飞往湛江，航程3小时10分钟，孕妇突发7个月早产。机组乘务人员迅速果断地通过广播寻找医生，在当班乘务组、机组和一位妇产科医生、一位神经内科医生的共同努力下，顺利接生双胞胎小天使。

图 11-7　临产前的孕妇

虽然乘务组、机组和医生的果断处置值得大力赞扬，且回顾整个过程有惊无险，但孕妇独自出门乘飞机毕竟不安全。为防止意外，航空公司有关人员在接受采访时提醒：孕妇乘飞机宜有人陪伴，胎龄32周以上不能乘坐飞机。

> **练习题**

1. 胎儿娩出后,与胎盘联系在一起的什么会很快(30分钟内)从产道娩出?
2. 做好产前接生应包括哪些物品准备?
3. 在接产时,嘱咐产妇放松紧张的情绪,不能进食。如产妇感到无力时,可以吃些什么食物?
4. 在胎儿娩出后的半小时内胎盘应会自然娩出,这是第几产程?有哪些处置方法?

第五节 心肺复苏

心搏骤停一旦发生,如得不到即刻及时的抢救复苏,4～6分钟后会造成患者脑和其他人体重要器官组织的不可逆的损害,因此,心搏骤停后的心肺复苏(Cardio Pulmonary Resuscitation,CPR)必须在现场立即进行。

一、定义

心肺复苏是心脏、呼吸骤停抢救中的一种最基本的急救技术。

二、心跳骤停的识别

当人体呼吸、心跳停止时,心脏、脑部器官将因缺乏氧的供应渐次发生不可逆的损害。会出现以下症状:患者的意识丧失;发生癫痫样抽搐;嘴唇、指甲、颜面肤色由原有的正常色渐趋向深紫色;眼睛瞳孔逐渐散大、固定;叹息样呼吸;呼吸停止;大动脉搏动消失。

心跳骤停多出现于心脏病突发、高血压脑病、溺水、窒息、车祸、药物中毒、气体中毒、异物阻塞呼吸道、其他意外事件造成的意识丧失及呼吸心跳停止。

三、心肺复苏操作方法

(一)判断生命体征

判断生命体征可以通过观察以下方面进行。

(1)呼吸:一看、二听、三感觉。

(2)脉搏:成人用中指触摸颈动脉;儿童触摸肱动脉。

(3)瞳孔:观察是否有对光反射,是否等大等圆。

(4) 意识：首先呼叫患者，无反应可拍打其肩部，无应答时可采取疼痛刺激法。对儿童拍打双足底、合谷穴；对成年人刺激十宣穴、少冲穴。也可以掐患者腋下的皮肤。

（二）必要体位

实施心肺复苏时，应该采取正确的体位。

(1) 采取仰卧位，四肢自然下垂，平放在平整、坚硬的地方。

(2) 解开其领口、衣扣、腰带，以免挤压时损伤内脏。对头颈部损伤或怀疑颈部骨折者，摆放体位时注意应将其头、肩、躯干作为整体同步翻转，减少不必要的移动。

（三）开通气道

打开口腔，检查呼吸道中有无异物，如假牙、呕吐物、口香糖等，如图 11-8 所示。

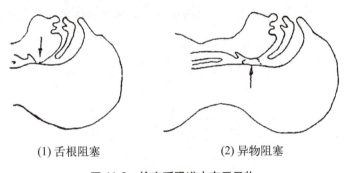

(1) 舌根阻塞　　　　(2) 异物阻塞

图 11-8　检查呼吸道中有无异物

如有异物立即清除，注意要将头侧向一侧。

1. 开通气道的方法

开通气道是抢救伤患者时的先决条件，可采取以下几种方法。

(1) 仰额提颏法，如图 11-9 所示。

(2) 压额抬颏法。

(3) 仰头抬颈法。

(4) 双手拉颌法（适用于颈部损伤者）。

2. 检查呼吸

开通气道后，要立即检查有无呼吸，如图 11-10 所示。检查呼吸可通过以下步骤进行。

(1) 看有无胸腹部起伏运动。

(2) 听有无呼吸音。

(3) 感觉口鼻部有无气流。

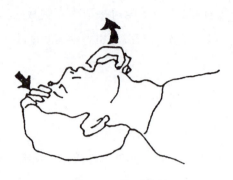 

　　图 11-9　仰额提颏法　　　　　　图 11-10　呼吸检查法

（四）人工呼吸

在气道没有开放时或心跳骤停发生的最初的几分钟，对于没有意识反应的病患不需要确定是否有正常的呼吸，直接进行人工呼吸即可。判断的时间不能超出 10 秒钟。

(1) 口对口人工呼吸：适用于成年人，如图 11-11 所示。

图 11-11　口对口吹气

(2) 口对鼻人工呼吸：适用于口部有损伤或抽搐、牙关紧闭的病患。

(3) 口对口鼻人工呼吸：应用于婴幼儿。

连吹两口气后，检查是否有脉搏。

吹气时要求做到：每分钟吹气 12～16 次，每次吹气量 800～1200 毫升，每次吹气时间 1～1.5 秒。吹气两次后，应立即检查颈动脉有无搏动，方法如图 11-12 所示。

（五）胸外按压

1. 按压部位

(1) 胸骨正中下 1/3 处。

(2) 两乳头之间的连线与胸骨正中交会处。适用于儿童及男性。

(3) 将手置于病患对侧的腋下，向患者的胸骨平移至胸骨正中处。将手从两肋向上推移，至胸骨相交处向上两横指处。

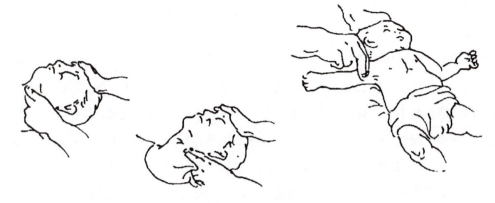

图 11-12　脉搏检查法

对成人在喉正中旁开两指下压；对婴儿则在上臂内侧中部下压。

2. 胸外心脏按压

胸外心脏按压，传统的观点是"心泵机制"，即在胸外按压时，心脏在胸骨和脊柱之间挤压，使左右心室受压而泵出血液；放松压迫后，心室舒张，血液回心。近年临床观察证明，人体循环的动力不单是心泵机制，主要还是来自胸腔内压增减的变化。心脏骤停病人的胸廓仍具有一定的弹性，胸骨和肋骨交界处可因受压下陷。因此，当按压胸部时，使血液向前流动的机制是由于胸腔内压力普遍增加，以致胸内压力＞颈动脉压＞头动脉压＞颈静脉压。正是这个压差使血液从颈动脉流向头部，并回流到颈静脉。

对心脏定位的方法，如图 11-13 所示。

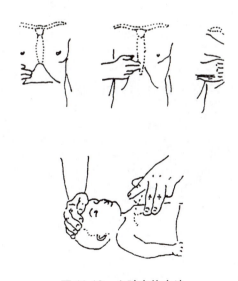

图 11-13　心脏定位方法

(1) 成人心肺复苏胸外按压时,掌根与胸壁接触点为两乳头连线中点。

(2) 婴儿按压位置为胸骨下 1/3 处。

3. 按压方法

将一手掌置于定位的手背上,两手平行重叠,手指并拢、分开或互握均可。掌根置于按压部位上,但手指不能接触到胸壁,防止因力量传导而造成肋骨骨折或损伤内脏。按压时上身向前倾,两手臂伸直,用上身的力量向下垂直用力。儿童采取单掌根按压,婴幼儿则用一手的中指和无名指垂直向下按压。按压后要迅速放松,解除压力,使胸廓自行复位让心脏舒张,如此反复进行,连续做 30 次。按压和放松的时间相等,放松时手不能离开胸部,防止移位。要做到用力、快速按压,胸廓回弹,不间断,如图 11-14 所示。

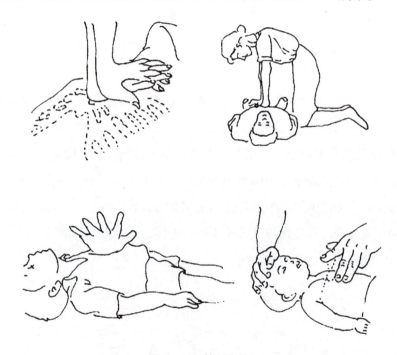

图 11-14 按压方法

4. 按压速度

成人:80 ~ 100 次 / 分钟。

婴幼儿:100 ~ 120 次 / 分钟。

5. 按压力度

成人:4 ~ 5 厘米。

儿童:2.5 ~ 4 厘米(3 ~ 10 岁)。

婴幼儿:2 厘米。

6. 人工呼吸和心脏按压的比例

单人：2∶15。

双人：2∶30。

四、实施心肺复苏成功有效指标

当患者达到以下指标时，说明心肺复苏实施成功、有效。

(1) 恢复自主的呼吸和心跳（脉搏）。

(2) 口唇、颜面、指甲及皮肤颜色由紫绀转变为红润。

(3) 散大的瞳孔恢复正常，对光反射存在。出现睫毛反射。

(4) 收缩压在 60 ~ 80mmHg 以上。

(5) 意识恢复，有反应、有知觉、呻吟等。

五、终止心肺复苏的条件

当以下情况出现时，应终止实施心肺复苏措施。

(1) 患者已经恢复自主的心跳、呼吸。

(2) 有医务人员到现场。

(3) 操作者已经筋疲力尽无法再实施抢救，但不能放弃，可找其他人继续进行心肺复苏术。

(4) 持续 30 分钟以上的抢救仍未使患者恢复自主的心跳、呼吸，医务人员提出停止抢救。

练习题

1. 心肺复苏是哪种情况发生时一种最基本抢救中的急救技术？

2. 判断生命体征时，对呼吸是一看、二听、三感觉。成人用中指触摸哪个部位的动脉？

3. 人工呼吸有几种方法？对婴幼儿使用何种方法？

4. 成人胸外按压的力度及速度是多少？人工呼吸的力度和速度是多少？

第六节　外伤急救

实施现场外伤救护时，现场人员要本着救死扶伤的人道主义精神，在通知机长、乘务长的同时，沉着、迅速地开展现场急救工作。

一、外伤的定义

外伤是指身体受到外力作用所导致的组织损伤。外伤常伴有肿胀、外出血，严重时会造成骨折或内脏出血。遇有严重外伤病人，一定要寻求医务人员帮助。

二、创伤救护原则

创伤救护要遵循以下原则：先抢后救；先重后轻；先急后缓；先近后远；先止血后包扎；固定后再搬运。

三、外伤救护的四项基本技术

外伤救护的四项基本技术是：止血、包扎、固定、搬运。

四、外伤处置

（一）止血

1. 加压包扎止血法

加压包扎止血法适用于毛细血管、静脉或小动脉出血。

2. 加垫止血法

加垫止血法（如图11-15所示）适用于伤口在腘窝、腋窝、肘窝、腹股沟等处的出血。怀疑骨折时禁用此法。

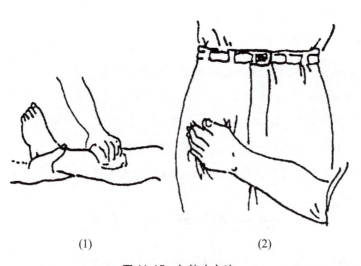

(1)　　　　　　　　(2)

图 11-15　加垫止血法

3. 指压止血法

指压止血法(如图11-16所示)是一种简单有效的临时止血方法。只能短暂使用,一般不超过15秒钟。

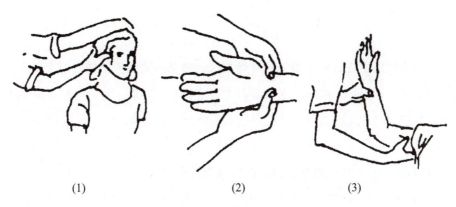

图 11-16　压迫止血

常应用动脉压迫处有以下几种。

(1) 颈动脉:头部出血。

(2) 肱动脉:上肢出血。

(3) 股动脉:下肢出血。

4. 止血带止血法

止血带止血法(如图11-17所示)是一种快速有效的止血方法,但它只适用于不能用加压止血的四肢大动脉出血时。

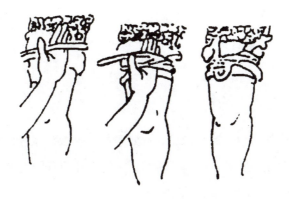

图 11-17　止血带止血

5. 注意事项

(1) 准确记录扎止血带的时间,做好标牌、标记并放在明显位置,这样才能保证按时放松。

(2) 每隔 30 分钟或一小时放松 3～5 分钟。放松时为避免大出血，可改用指压止血法。

(3) 止血带下一定要加垫，总的扎带止血时间不能超过 3 小时，否则难免会造成肢体坏死。如果航线超过 4～6 小时，应当设法备降。

6. 特殊部位出血

1) 耳出血

耳道出血通常发生在鼓膜破裂或颅骨骨折时，常见的原因包括异物刺入耳内，头部受伤或无压力伤害，如爆炸、跳水、潜水等。主要症状有：耳痛、短暂失聪、耳孔出血。头受伤导致颅骨破裂时，流出血液可能混有清澈的脑脊液，呈血水状，不能凝结。

处理方法：

(1) 不要塞住耳孔，要让血水流出，减低感染机会。

(2) 让伤者保持半坐姿势，头倾向出血的一侧，使血水容易流出，用敷料垫着耳朵。

(3) 将伤者迅速送往医院。

2) 鼻出血

流鼻血通常是因鼻孔内的血管破裂引起。血压过高或鼻部外伤都可以引起鼻出血。在头部受伤后，如有带血的清澈液体由鼻孔流出，可能是颅骨骨折引起的。

处理方法：

(1) 伤者坐下，头向前倾，让血流出。不要后仰，防止血液倒流入呼吸道，引起反呛。同时松解颈部衣领。

(2) 指导伤者用口呼吸，并用手捏住鼻骨下部的柔软部位。捏 10 分钟后放松，如未能止血，再捏 10 分钟。止血后，嘱咐伤者休息，避免擤鼻涕或挖鼻孔引起再出血。

(3) 如出血持续不止，或有头部外伤，应立即送往医院。

（二）包扎

1. 包扎目的

包扎的目的在于保护伤口，减少感染，固定敷料、夹板；减轻伤员的痛苦，防止刺伤血管、神经等严重并发症的发生；有利于转送。加压包扎还有压迫止血的作用。

2. 包扎要求

(1) 动作轻、快、准、牢。

(2) 松紧要适度，过紧影响血液循环，过松会移动脱落。

(3) 包扎材料打结或用他方法固定，要避开伤口和坐卧受压迫的位置。

(4) 包扎骨折部位时,应露出伤肢末端,以便观察肢体的血液循环情况。

3. 包扎方法

包扎方法有很多种,可根据需要选择不同的方法。

(1) 环形包绕法:环形包扎法常用于肢体较小部位的包扎,或用于其他包扎法的开头和终结。包扎时打开绷带卷,把绷带斜放在伤处,用手压住,将绷带绕肢体包扎一圈后,继续绕圈包扎,每圈都压在前一圈上直到包严,如图11-18(1)所示。

(2) 绷带螺旋包绕法:用于周径近似均等的部位,如上臂、手指等。从远端开始先环形包扎两圈,再向近端呈30°角螺旋形缠绕,每圈压住前一圈的1/2～2/3直到包严。如图11-18(2)所示。

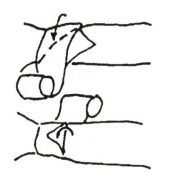
(1) 绷带包绕的起始法

(2) 螺旋包绕法

图 11-18　绷带螺旋包扎法

(3) 三角巾包扎法:三角巾可用于身体各部位损伤伤口的包扎,如头部、肩部、胸背部、腹部和四肢等,都可用三角巾包扎法,如图11-19、图11-20所示。

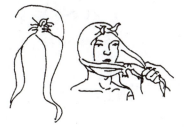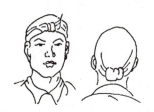

图 11-19　头顶部包扎法

蝴蝶式胸部包法　　　　　　　侧胸包扎法

图 11-20　胸部包扎法

(4) 反折螺旋包扎法：多用于肢体粗细相差较大的部位。做螺旋包扎时，用一拇指压住绷带上方，将其反折向下，压住前一圈的一半或 1/3。

(5) 8 字包扎法：多用于关节部位的包扎。

（三）骨折与固定

骨折是指骨骼完整性和连续性中断。骨折原因主要是由外力打击、撞击或骨骼疾病造成。创伤造成的骨折称为创伤性骨折；骨骼疾病造成的骨折称为病理性骨折。

发现骨折时必须及时给予固定，以减轻疼痛，防止发生休克。避免骨折断端刺伤周围的血管、神经和皮肤，以便于搬运及愈合。

1. 骨折类型

依据骨折的程度，骨折分为单纯骨折、开放性骨折、复合骨折，如图 11-21 所示。

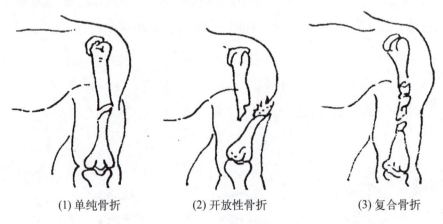

(1) 单纯骨折　　　　　(2) 开放性骨折　　　　　(3) 复合骨折

图 11-21　骨折类型

依据骨折是否和外界相遇，骨折又可分为闭合性骨折和开放性骨折。

闭合性骨折：骨折处皮肤、黏膜完整，骨折端不与外界相通。

开放性骨折：骨折处皮肤、黏膜破裂，骨折端与外界相通。

2. 骨折的表现

骨折后会有以下表现。

(1) 肿胀：由于骨髓和骨膜及周围软组织损伤、血管破裂而出血，都可引起皮下瘀血和肿胀。

(2) 疼痛：骨折后伤者会有疼痛、压痛和传递性叩痛。骨折后疼痛剧烈，活动时加重，在骨折部位有明显的压痛。在肢体远端叩击时，也可引起骨折处疼痛。

(3) 功能障碍：骨折后，由于身体内部的支架断裂和疼痛，使肢体丧失部分或全部活动功能。

(4) 畸形：因暴力作用，骨肌肉收缩，使骨折发生旋转、移位，肢体出现畸形。

(5) 异常活动：在没有关节处，出现假关节的不正常现象。

(6) 骨摩擦音：骨折端移动时，出现有相互摩擦的声音和感觉。

(7) 全身反应：休克、发热，发热时体温一般不超过 38℃。

3. 骨折固定

在飞机上对骨折固定主要是对伤处进行临时处理，稳定伤肢，使伤员在运送过程中不因搬运和颠簸使断骨刺伤血管、神经，造成额外受伤，从而减轻伤员痛苦。

(1) 固定材料。

① 夹板：用于托扶固定伤肢，夹板的长度、宽度要与伤肢相适应。一般长度需跨伤处上、下两个关节。没有夹板时，可用健侧肢体、树枝、厚纸板、报纸卷等代替。注意要用布类包裹夹板，防止磨伤皮肤。

② 敷料：用于衬垫，如棉花、布块、衣服等，垫在踝部、腕部等关节处。捆绑夹板可用三角巾、绷带、头巾等，但不能用铁丝、电线。

(2) 固定方法：如图 11-22～图 11-29 所示。

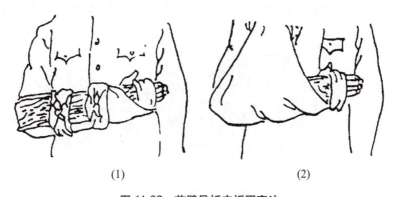

(1)　　　　　　　　　　(2)

图 11-22　前臂骨折夹板固定法

图 11-23　上臂骨折夹板固定法

图 11-24　大腿骨折夹板固定法

图 11-25　小腿骨折固定法

图 11-26　前臂骨折衣襟固定法

图 11-27　上臂骨折三角巾固定法

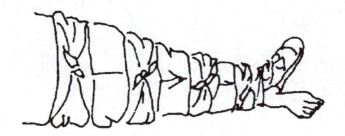

图 11-28　大腿骨折健肢固定法

图 11-29　用三角巾做上臂固定

对伤者凡是疑有骨折的，均应按照骨折处理。对于闭合性骨折，急救时可不必脱去患肢的衣裤、鞋袜，以免过多地移动患肢，增加疼痛。如患肢肿胀严重，可用剪刀将衣物剪开，减轻压迫。

① 长骨骨折的固定法。

② 锁骨骨折固定法。

③ 踝骨骨折固定法。

4. 关节扭伤

关节扭伤是关节周围组织如韧带、筋膜撕裂或肌肉伸拉过度而造成局部组织损伤。关节扭伤的症状如下：

① 关节周围组织肿胀、压痛，甚至瘀血。

② 关节活动时疼痛加剧。

对关节扭伤的处理方法如下：

① 肿胀部位可以冷敷，最好用毛巾包裹冰块冷敷。

② 冷敷的时间不能过长，一般 10~15 分钟为宜。

③ 加压固定或者托扶受伤的关节，尽量减少活动。

④ 禁止按揉受伤部位，以免加重局部肿胀、出血。

5. 脱位

脱位是指由于身体遭受到打击、冲撞或关节组织结构松弛造成关节脱臼移位。脱位的症状如下：

① 关节移位，或结合处塌陷。

② 关节局部组织变形，活动功能丧失。如弯曲、上抬等功能失去。

③ 活动脱位关节时疼痛，不让扶碰。

处理方法如下：

① 按单纯骨折加以固定。

② 严禁进行关节复位。

③ 将脱位关节部位的肢体悬吊于躯干或固定。

（四）搬运

搬运伤者时，按以下方法处理。

(1) 让患者处于卧位。

(2) 有内出血可能时要禁食禁水。

(3) 防休克。

(4) 注意保暖。

(5) 需要搬运时也应保持卧位。

练习题

1. 熟记创伤救护原则。

2. 止血带止血法是快速有效的止血方法，它只适用于不能用加压止血的什么部位大动脉出血？

3. 包扎的目的在于保护伤口，减少感染，固定敷料、夹板；减轻伤员的痛苦，防止刺伤血管、神经等严重并发症的发生。叙述包扎的不同方法。

第七节 机上急救设备

载客的航班上应备有急救箱、应急医疗药箱、旅客药品箱、自动体外心脏除颤器(Automated External Defibrillator，AED)(只限极地航线)。如发现航班飞机上的急救设备不符合中国民航运行的最低要求时，应补充达到要求后再起飞。

一、急救箱

(1) 在载客飞行中，每架飞机急救箱的数量不得少于表 11-1 的规定。

表 11-1　急救箱的配备

旅客座位数	急救箱数量
0～50	1
50～150	2
151～250	3
250 以上	4

(2) 急救箱应尽可能均匀地放在飞机上易于取用的固定位置。

(3) 每只急救箱内至少配备表 11-2 中的医疗用品。

表 11-2　急救箱中的医疗用品

项　　目	数　　量
绷带，5 列 (Compress Bandage)	10 卷
清毒棉签 (Antiseptic Swabs)	20 支
敷料：10cm×10cm	8 块
三角巾	5 条
外用烧伤药膏	3 支
手臂夹板	1 付
腿部夹板	1 付
绷带：3 列	4 卷
胶布：1cm、2cm	各 1 卷
剪刀	1 把
橡胶手套或防渗透手套	1 付
急救指导	1 份

(4) 急救箱的使用方法如下。

① 在机上出现外伤或需用其中用品时，即应取用。

② 经过急救训练的乘务人员、在场的医务人员或经专门训练的其他人员均可打开并使用此箱内物品，但非本航班乘务员应在开箱时出示其相关的证书证件。

③ 用后要做好相应记录，一式两份，要有乘务长和机长签名，记录单一份交使用人，一份留箱内交回地面有关部门。

二、应急医疗箱

(1) 每架飞机在载客飞行时，应当至少配备一只应急医疗箱，存放在易于取用的位置。

(2) 应急医疗箱由地面相关工作人员送上飞机，带班乘务长接收并保管。

(3) 每只应急医疗箱内应当至少配备表 11-3 中的医疗用品和物品。

表 11-3　应急医疗箱中医疗用品和物品

项　目	数　量
血压计	1 个
听诊器	1 只
人造口咽气道（大、中、小）	各 1 个
一次性注射器和针头 (2ml、5ml)	各 2 支
50% 葡萄糖注射液 60ml	一支
1：1000 肾上腺素 2ml	2 支
盐酸苯海拉明注射液 2ml	2 支
硝酸甘油片	10 片
去痛片	20 片
颠茄片	20 片
黄连素	24 片
强力消毒碘 1 瓶	50ml
消毒棉签	40 个
箱内医疗用品清单和药物使用说明	1 份

(4) 使用方法如下。

① 只要机上有急重伤病旅客，广播找医务人员帮助，就可供其使用。

② 要求打开使用其内物品时，需确认并记录证明该人身份为医生的证明。

③ 其他需要的场合，机长有权决定打开并取出其中的相关用品。

④ 使用应急医疗箱后，应填写"机上事件报告单"，并在相应位置请机长、使用医生和乘务长分别签名。

⑤ 将应急医疗箱使用登记表一份交到达站的有关部门，一份交使用药箱的医生，另一份留在医用药箱内交回航卫中心做统计，按年度将应急医疗箱使用情况做好统计，上报局方的有关部门。

三、旅客药品箱

(1) 飞机上配备旅客药品箱一个，放置在客舱乘务员方便取用的地方。

(2) 每个旅客药品箱内应当至少配备表 11-4 中的药品和物品。

表 11-4 旅客药品箱中的药品和物品

内容物品名称	数　量
治疗各种常见病的非处方药	每种药物适量
药品说明书列表	一份
药物使用免责单	适量

(3) 药品说明书列表应包括以下内容：药品名称、药物用途、用法、作用原理、副作用、禁忌症。

(4) 用药免责单样本如下。

用药免责单样本

航班号 FLGHT NO.	时间 TIME	药品名称及数量 MEDICINE NAME & QUANTITY
本人在机上感到身体不适，服用航班上免费配备的以上药品，在服药前我仔细阅读过药品说明书，清楚地了解了该药品的作用和副作用以及禁忌症，愿意自己承担由于服药所导致的后果。 I,here under signed,feel unwell onboard,and demaned taking medicine above. I have already read the instructions and understood the side-effect of medicine before taking. Therefore, I fully acknowledged consequences and release Air Chinese liability.		
旅客签名： Signature 日期：　　　年　月　日 Date： ××国际航空有限责任公司		

(5) 旅客药品箱的使用方法如下。

① 当飞机上有旅客因为身体不适，向客舱乘务员提出用药要求时，可以提供药箱中的药品给旅客服用。

② 向旅客提供药品说明书列表，并要求旅客仔细阅读该列表，选用对自己适合的药品。

③ 在旅客用药前，应要求旅客认真阅读药物使用免责单，在旅客同意免责内容并填写该单后，按说明书和免责单上说明的数量给旅客服用药品。

④ 有医生在场时，按医生医嘱给伤病旅客用药，可以要求旅客填写免责单，或在急诊处置报告单上记录下旅客所用的各种用品和其他医疗用品。报告单上应有医生的签字。

四、自动体外心脏除颤器

飞行极地航线的飞机上配备一个自动体外心脏除颤器，由公司综合保障部门送上飞机。

(1) 自动体外心脏除颤器的操作，如图 11-30 所示。

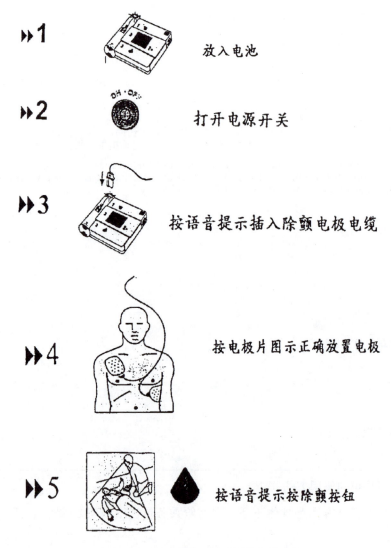

图 11-30　自动体外心脏除颤器操作步骤

(2) 自动体外心脏除颤器机器性能如下。

① 充电时间：小于 10 秒，电池快用完时，时间会加长。

② 放电时间：小于 20 毫秒。

③ 自动放电：关机和除颤电极片脱离病人，或电缆线脱离除颤器。

(3) 电池。

① 新电池可提供 100 次除颤。

② 新电池在不开包装的情况下寿命为 5 年。

③ 新电池在机器中待命的情况下寿命为 1 年。

④ 屏幕右上角显示"×"、有红色闪动的"×"、有语音提示电池电量不足时，需更换新电池。

⑤ 第一次提示电池电量不足后，还可提供约 10 次除颤。

(4) 保养和清洁方法如下。

使用环境的条件：应保持在 0℃ ~ 50℃ 的温度和 0% ~ 95% 的相对湿度。

清洁：可使用肥皂水、70% 酒精、家用清洁剂进行清洁。

案例分享

✈ 案例：紧急备降兰州机场（如图 11-31 所示）

2014 年 4 月 17 日，土耳其航空公司 THY89 航班、机型 A330-300 执飞首尔－伊斯坦布尔的航班。14 时 40 分，飞机上一名年龄 37 岁的男性乘务员因突感身体不适，出现了呼吸微弱、心律不齐等症状，机上人员紧急处置。

图 11-31 紧急备降运送病人

为了尽快救治这位男性乘务员,该航班机组要求紧急备降距离较近的兰州机场。机场现场指挥室值班领导立即通知指挥中心急救中心做好医疗救援准备工作,并为备降飞机合理安排了机位。急救中心相关工作人员于15时紧急赶到现场。与此同时,值班室立即与边检、检疫、海关等部门做了沟通。飞机落地后,医生及护士对患病机组人员迅速给予吸氧、胸压等对症治疗,经相关部门协调,急救中心将该患病机组人员立即转送至省人民医院进行救治,机场地面服务部也派人护送。

1. 载客的航班上备有哪些应急医疗设备?
2. 请列举载客的航班上急救箱内备有的物品。
4. 每只应急医疗箱内应当至少配备哪些医疗用品和药品?
3. 叙述自动体外心脏除颤器的使用方法。

参 考 文 献

[1] 何佩，刘小红. 客舱安全与应急处置. 北京：中国民航出版社，2007
[2] 韩瑛. 民航客舱服务与管理. 北京：化学工业出版社，2012
[3] 民用航空资源网：http://www.carnoc.com/
[4] 构建中国民航安全管理体系. 中国民航大学学报，2008(06)
[5] 中国民用航空安全管理体系建设总体实施方案（民航发 [2007]136 号）